SILKE WUSTMANN

Frankfurter Liebespaare

Welch eine schwere Kunst ist die Liebe!
Wer kann sie verstehen?
Und wer muß ihr nicht folgen?

(Susette Gontard)

Silke Wustmann, »Frankfurter Liebespaare«, 3. Auflage 2012

Mehr Informationen zum Programm des B3 Verlages unter www.bedrei.de

Umschlag-Motiv: Maria Wilhelmine von Gillé geborene Nestlé und
Wilhelm Isaak von Gillé: Ölgemälde von Caroline Bardua (zugeschrieben), 1830,
Historisches Museum Frankfurt
Layout, Satz und Umschlag: Fagott, Ffm
Gesetzt aus der Unit und der Elzevir
Druck und Weiterverarbeitung: KLARdruck, Marktheidenfeld

ISBN 978-3-938783-13-9

SILKE WUSTMANN

Frankfurter Liebespaare

Romantisches und Tragisches aus 1200 Jahren Stadtgeschichte

VERLAG

Ein Vorwort

Liebesgeschichten sind immer in ihrer Zeit verankert und sollten daher möglichst mit den Augen der Zeitgenossen betrachtet werden; zugleich haben sie aber etwas Ewig-Gültiges. All die kleinen Strohfeuer und großen Gefühle, die eingebildeten und tatsächlichen Affären, die glücklichen und traurigen Momente, von denen hier die Rede sein wird, sind für den Leser nichts wirklich Neues. Und doch hat jede Liebe ihre ganz eigene Dramaturgie, die sie einzigartig sein lässt.

Die Auswahl der Episoden erfolgte völlig subjektiv und erhebt keinerlei Anspruch auf Vollständigkeit. Es ging mir darum, bekannte und weniger bekannte Paare zu versammeln, deren Liebe einen eindeutigen Frankfurt-Bezug haben musste. Zugegeben, der ist nicht bei allen gleich stark ausgeprägt, aber unsere Stadt ist in jedem Fall für eine gewisse Dauer Ort der Handlung gewesen.

Die Quellenlage zu den einzelnen Geschichten ist sehr unterschiedlich. Je kürzer sie zurückliegen, desto besser sind sie naturgemäß dokumentiert. Als besonders ergiebig erwies sich das ausgehende 18. und das gesamte 19. Jahrhundert, weil sich das Briefeschreiben damals großer Beliebtheit erfreute. Um niemandem zu nahe zu treten, wurden die Beziehungen noch lebender oder kürzlich verstorbener Personen nicht berücksichtigt.

Auf eine chronologische Reihenfolge der Liebschaften habe ich verzichtet und sie stattdessen in verschiedenen thematischen Kapiteln zusammengefasst. Dabei ergeben sich immer wieder interessante und reizvolle Überschneidungen.

Der Begriff »Liebespaare« im Titel dieses Buches ist übrigens nicht ganz unproblematisch. Manche »Paare« sind im eigentlichen Sinne gar keine gewesen, weil sie aus unterschiedlichen Gründen nicht zueinanderfanden, und die Intensität ihrer »Liebe« war graduell durchaus unterschiedlich, zumal man nicht vergessen darf, dass wir von Liebe und Ehe heute ganz andere Vorstellungen haben als die Menschen vergangener Epochen.

Das um 1830 gemalte Frankfurter Ehepaar von Gillé auf unserem Titelbild verkörpert das seit der Romantik existierende Ideal besonders schön. Hier wird die Liebe gleichrangiger Partner perfekt in Szene gesetzt: Die Gesichter sind heiter, die Körperhaltung zeugt von Harmonie und liebevoller Verbundenheit, die durch die Rose noch zusätzlich betont wird. Für alle Frankfurt-Fans sei kurz darauf hingewiesen, dass im Hintergrund die Silhouette der Stadt zu erkennen ist.

Die Abschaffung des Heiratszwangs in Frankfurt

Bevor Frankfurt zur Freien Reichsstadt wurde, war die Abhängigkeit seiner Einwohner vom König in vielen Belangen noch groß, wobei es natürlich – je nach gesellschaftlichem Stand – graduelle Unterschiede gab. Die wohlhabenden Kaufleute, die sich im Lauf der Jahrhunderte am Main angesiedelt hatten und aus denen sich das Patriziat, also die politische und wirtschaftliche Elite, herausbilden sollte, waren bis ins hohe Mittelalter rechtlich gesehen unfreie Dienstleute des Königs. Tatsächlich arbeiteten sie aber langsam und stetig daran, diese Unfreiheit abzuschütteln. Das glückte ihnen auch recht gut und sie konnten in vielen Belangen schon vergleichsweise frei agieren, weil der Herrscher meist weit entfernt war und auf die Frankfurter keinen großen Einfluss mehr ausüben konnte.

Allerdings gab es einen Bereich, da war die königliche Macht auch in unserer Stadt noch ungebrochen: Wollte einer seiner Ministerialen, das heißt der waffenführenden Dienstleute, die ihn begleiteten und aus denen sich später das Rittertum und der niedere Adel entwickelten, heiraten und erwählte sich eine hiesige Jungfrau, brauchte er weder ihr Einverständnis noch die Erlaubnis ihrer Eltern. Stattdessen bat er einfach seinen Herrn um die Hand dieser Frankfurterin und der informierte dann ohne Umschweife die Eltern über die bevorstehende Heirat ihrer Tochter. Leider erfüllten die Könige diesbezügliche Wünsche mit schöner Regelmäßigkeit! Auf diese Art und Weise verlor Frankfurt eine stattliche Zahl an Bürgertöchtern, die ihren Männern unfreiwilligerweise folgten mussten. Selbst vermögende Familien hatten sich zu fügen und konnten sich nicht dagegen wehren, dabei waren natürlich gerade sie besonders stark betroffen. Die Ministerialen begehrten nämlich üblicherweise deren Töchter und nicht die der einfachen und armen Leute! Da die Mitgift der Mädchen, zu der die Eltern ja verpflichtet waren, ein für alle Mal verloren war, sobald das frisch gebackene Ehepaar die Stadt verließ, bedeutete das für sie erhebliche finanzielle Einbußen – ein Argument, das für manchen Vater sicher schwerer wog als die desolate emotionale Verfassung seines Kindes ...

Es bestand also in Frankfurt größtes Interesse daran, diesen alten Brauch endlich abzuschaffen, aber es bedurfte dafür eines konkreten Anlasses und einer besonderen Persönlichkeit. Beides kam im Jahr 1232 zusammen. Der Frankfurter Johann von Goldstein hatte eine schöne Tochter, Gertrud mit Namen, die ihm lieb und teuer war. Deswegen traf es ihn besonders hart, als sich eines Tages der königliche Marschall vor dem Goldsteiner Hof am Großen Kornmarkt einfand und ohne jede Vorwarnung laut verkündete: »Höret zu, ihr Herren überall, / was gebeut [gebietet] der König und Marschall. / Was er gebeut, und das muß sein: / Hier ruf ich aus: XYZ [bedauerlicherweise ist der dreiste Höfling uns nicht namentlich bekannt] mit Johann von Goldsteins Töchterlein, / Heut zum Lehen, morgen zur Ehen, / Über ein Jahr zu einem Paar.« In derart rücksichtsvoller Manier wurden die zukünftige Braut und ihre Eltern von der bevorstehenden Vermählung unterrichtet. Man könnte fast sagen: Brautentführung einmal anders!

Doch Johann war nicht gewillt, sich so einfach in sein Schicksal zu ergeben. Schließlich stammte er aus einer der führenden Frankfurter Familien, verfügte als Edelsteinhändler über immensen Reichtum und genoss in seiner Heimatstadt als langjähriger Schöffe höchstes Ansehen. Nicht zuletzt besaß er beste Kontakte zum staufischen Hof, sogar zu Kaiser Friedrich II. selbst, an dessen Kreuzzug er 1228 – vermutlich als Financier – teilgenommen hatte. Und dann kam ihm auch noch der Zufall zu Hilfe. 1232 befand sich Friedrichs Sohn, König Heinrich (VII.), gerade in Frankfurt, der sich der Stadt immer sehr wohlgesonnen gezeigt hatte. Goldstein wurde bei dem Herrscher vorstellig und schaffte es tatsächlich, ihn von dem Anachronismus der Regelung zu überzeugen. Es ist sehr wahrscheinlich, dass eine nicht unbeträchtliche »Handsalbe«, wie man Bestechungsgelder damals blumig umschrieb, dieser Einsicht nachgeholfen hat.

Heinrich erließ jedenfalls wenig später von Nürnberg aus ein entsprechendes Privileg, durch das nicht nur Gertrud aus ihrem Zwangsverlöbnis befreit wurde, sondern ganz allgemein das Recht des Königs, die Frauen der ihm untertanen Wetterauer Städte Frankfurt, Wetzlar, Friedberg und Gelnhausen ungefragt mit höfischen Bediensteten verehelichen zu können, abgeschafft wurde. Von nun an wollte der Herrscher sich in dieser Angelegenheit auf eine einfache Fürbitte beschränken. 1240 bestätigte Heinrichs Bruder Konrad IV. diese Urkunde noch einmal ausdrücklich nur für Frankfurt. In letzter Konsequenz war sie ein wichtiger Schritt auf dem Weg der Stadt zur Emanzipation vom König und zu politischer Selbständigkeit, denn ihre Bürger hatten so ein weiteres Stück persönlicher Freiheit erlangt.

Auch wenn Johann von Goldstein ursprünglich nur für den eigenen Herd gekämpft und gar nicht unbedingt das »Gemeinwohl« im Auge hatte, können alle Frankfurter Liebespaare ihm heute noch zutiefst dankbar sein. Eigentlich hätte er mit Fug und Recht ein eigenes Denkmal verdient.

KAPITEL I

VERBRIEFTE LIEBE

Liebesbriefe sind sicherlich eine der schönsten »literarischen« Gattungen überhaupt. Da die Kunst des Lesens und Schreibens die längste Zeit der Menschheitsgeschichte nur von einem vergleichsweise kleinen Kreis von zumeist männlichen Eingeweihten beherrscht wurde, gibt es aus früheren Epochen auch nur wenige überlieferte Beispiele. Im 19. Jahrhundert dagegen war diese Fähigkeit schon sehr viel stärker verbreitet und das Verfassen von Briefen eine beliebte Freizeitbeschäftigung. Entsprechend ergiebig ist hier die Quellenlage.

Viele unserer Paare haben sich geschrieben; sind ihre Ergüsse noch erhalten, haben sie – in Auszügen, versteht sich – auch Eingang in dieses Buch gefunden. Im folgenden Kapitel werden nun aber drei Paare vorgestellt, deren Schriftverkehr in einer ganz bestimmten Hinsicht außergewöhnlich ist.

Johann Adolf von Glauburg & Ursula Freher

Den Anfang machen die ältesten uns bekannten Liebesbriefe Frankfurts. Sie werden heute im Institut für Stadtgeschichte aufbewahrt und stammen aus dem Jahr 1598.

Ein Jahr zuvor war die erst vierunddreißigjährige Margarete Rohrbach, Tochter eines reichen Frankfurter Weinhändlers, nach achtzehnjähriger Ehe mit dem Patrizier Johann Adolf von Glauburg gestorben. Der Witwer, einundvierzig Jahre alt, stand nun mit sieben teilweise noch recht kleinen Kindern ganz allein da. Es war daher unerlässlich, dass er nach Ablauf des Trauerjahrs sofort wieder auf Brautschau ging.

Die Sache hatte nur einen Haken: Er war überzeugter Calvinist, während der überwiegende Teil der Frankfurter Bevölkerung ja dem lutherischen Glauben anhing; also kamen in der Heimat nur wenige Frauen in Betracht. Die Suche musste auf auswärtige Gefilde ausgedehnt werden. Geschäftspartner aus nah und fern wurden

angeschrieben, ob sie nicht eine geeignete Kandidatin wüssten. Auf diese Weise wurde der Heiratswillige neben anderen auch auf Ursula Freher aus Nürnberg aufmerksam gemacht. Die jüngste Tochter des dortigen Stadtsyndikus und Kurpfälzischen Rates, des Advokaten Dr. Marquard Freher, war ein reizendes und hübsches Mädchen von siebzehn Jahren. Dem Glauburger gefielen diese ersten Informationen und so ließ er den Frehers ausrichten, es bestünde seinerseits Interesse; dabei verriet der Vermittler aber noch nicht seine Identität, sondern beschrieb ihn bloß als einen »stattlichen, reichen, ansehnlichen Mann, Witwer, von vornehmem Geschlecht, aus einer freien Stadt, nicht auf Geldheirat angewiesen bei 80.000 Gulden Vermögen, der reformierten Religion zugetan und willens, nur eine Frau dieses Bekenntnisses zu heiraten«. Das klingt doch fast wie eine heutige Heiratsanzeige, finden Sie nicht auch!? Aus Nürnberg wurde am 10. Juli 1598 grünes Licht für eine Werbung gegeben, doch der umsichtige Frankfurter Junker ließ erst noch weitere Erkundigungen einziehen. Es stellte sich heraus, dass an der Jungfer »kein Mangel an Ehr, Tugend oder Geschlecht« zu finden wäre.

Endlich zufriedengestellt, schwang sich der Patrizier am 28. August selbst aufs Pferd und ritt nach Nürnberg, wo er bei seinem Bekannten Georg Gruberer wohnen konnte. Der hatte alles schon perfekt eingefädelt: Unter dem Vorwand, eine Nachricht ihrer Eltern auszurichten, kam Ursula wenig später mit einer Magd in seinem Haus vorbei. Bei diesem »zufälligen« Aufeinandertreffen konnten sich beide auf unverfängliche Art kurz in Augenschein nehmen. Hätte man sich nicht gefallen, wäre es einfach bei diesem Nachbarschaftsbesuch geblieben. Da man sich aber sympathisch war, konnte die nächste Verhandlungsrunde eingeläutet werden. Noch am selben Abend hielt Johann Adolf um Ursulas Hand an. Die Eltern stimmten zu und der gut präparierte Frankfurter steckte seiner frisch gebackenen Verlobten einen Diamantring an den Finger. An den nächsten beiden Tagen wurden die geschäftlichen Seiten der Verbindung geregelt, der Hochzeitstermin festgelegt und ein feierliches Abendessen ausgerichtet, bei dem Glauburg seine zukünftige Verwandtschaft kennenlernte. Erst danach fand die Feier des »offenen Handschlags«, also die offizielle Verlobungsfeier, statt. Nürnbergs High Society war bei der Zeremonie im Freher'schen Haus »Zum Goldenen Schild« anwesend. Zuerst las der Brautvater vor, dass der »edle und ehrenfeste Junker Johann Adolf von Glauburg aus Frankfurt am Main die ehren- und tugendreiche Jungfrau Ursula Freherin als sein eheliches Gespons« heimzuführen wünsche; dann reichte er dem zukünftigen Schwiegersohn die rechte Hand, der schlug ein, und alle Anwesenden beglückwünschten die beiden. Nachdem alles unter Dach und Fach war, durften auch Ursula und die anderen Frauen den Saal betreten. Der guten Ordnung halber wurde Ursula nun öffentlich gefragt, ob »sie auch ihren Willen darin« gäbe. Das tat sie. Was wäre ihr auch anderes übrig geblieben?

Am 9. September traf Glauburg wieder in Frankfurt ein und begann sofort mit den Hochzeitsvorbereitungen. Aus seinen akribischen Haushaltsaufzeichnungen, die er mit seiner ersten Eheschließung begonnen hatte und bis an sein Lebensende weiterführte, kennen wir jedes noch so kleine Geschenk, mit dem alle nur irgendwie an der Feier Beteiligten bedacht wurden. Seiner Braut schickte er bestes Tuch – Atlas, Damast und Seide – für das Hochzeitskleid. Ursula nutzte die Verlobungszeit traditionsgemäß zur Anfertigung der Aussteuer, aber auch noch zu etwas anderem: Sie schrieb ihrem Bräutigam. Schließlich wohnten die beiden ja weit voneinander entfernt und konnten nur so in Kontakt bleiben.

Vier ihrer Briefe aus den Monaten September und Oktober 1598 überdauerten die Zeit, drei davon besitzen wir noch im Original. Sie sind in einem ganz unbefangenen und herzerfrischenden Plauderton geschrieben. Da heißt es beispielsweise, als ihr einmal die Nachrichten ausgehen: »Hertzlieber Juncker, ich weis Euch auff dismall nichts mer zu schreiben; ich bit Euch gar freindlich, Ir wollt mit dem elenten Schreiben verlieb nehmen. Es ist in der Eill zu gangen. Ein ander mall will ichs besser machen.«

Schon die Anrede »Herzlieber Junker«, die sie in allen vier Schreiben verwendet, ist so unglaublich charmant!

Den weitaus größten Teil ihrer Erörterungen betreffen organisatorische Details im Zusammenhang mit der Heirat. Zum Beispiel antwortet sie auf die Bitte Glauburgs um ihre präzisen Maße für ein Kleid, das er ihr der Sitte gemäß zu offerieren hat: »Schick Euch hiemit Eurem Begeren nach ein Mas meiner schenen Leng; wir haben nichts zugeben, sunder wie das Mensch ist, so ist auch das Mas. Hoff, man soll mich, wils Gott, balt sehen, wie lang und schen ich bin.« Wie goldig sie darauf besteht, bei ihren Angaben nicht gemogelt zu haben, weil sie das gar nicht nötig habe! Sie liefert noch viele ähnlich amüsante Statements. Schade dass seine Briefe nicht erhalten sind. Man wüsste doch gar zu gern, wie er auf solche Koketterien reagiert hat.

Daneben gibt es aber auch kurze und sehr rührende Passagen, in denen sie von ihren Gefühlen spricht: »Herzlieber Juncker, aus Eurem Schreiben verstehe ich so vill, als nemlich das Ir gern vor der Hochzeit noch ein mall wolt herauff kumen; so es geschehen mocht, wer es gewißlich meiner gresten Freidt eine und wurden sich alle die Meinigen (niemande auß genumen) herzlich erfreien. Ich will dis mall nicht darumb bitten, sunder der Hoffnung und Zuversicht sein, so es werde geschehen können, wert es der Juncker an ihm nicht ermangeln lassen, sunder mich armen verlassene ein mall besuchen, darauff ich dan mit Verlangen wartt.« Diese Zeilen vom 10. Oktober enden mit den Worten »Eur getreye im ❤ – so lang ich leb«. Ursula malt hier tatsächlich ein Herz, anstatt das Wort auszuschreiben!

Leider wurde ihre Hoffnung auf ein Wiedersehen vor der Hochzeit enttäuscht, denn in einem späteren Brief heißt es: »Ferner auß Eurem Schreiben vernim ich, das es nit sein kann, das Ir noch vor der Hochzeit hie auff kumpt; das haben wir nit gern geheret, bin gar nit zufrieden, hab gentzlich vermeint, Ir wert kumen, hab mich auch hertzlich gefreidt, bin auch offt an das Fenster geloffen, wan ich etwas hab heren reiden oder faren, nun ist es alles vergebens gewesen.« Über das Bild von Pferdegetrappel und Peitschenknall zeigt sie hier ganz deutlich ihre Verliebtheit und Sehnsucht. Und je näher die Vermählung heranrückte, desto größer wurde beides, oder wie sonst ist es zu erklären, dass sie unter den letzten Brief gleich zwei Herzchen eng nebeneinander kringelt?

Jetzt aber genug der Romantik, zurück zu den Fakten. Durch das minutiös geführte Ausgabenbuch des Bräutigams sind wir über alle Einzelheiten der Hochzeit genauestens informiert. Die zwölfköpfige Nürnberger Hochzeitsgesellschaft wurde am 12. November 1598 von Johann Adolf und seinem Gefolge in Oberrad mit festlichem Gepränge empfangen. Von dort an gab man ihnen das Geleit, das aus siebzig Pferden und vielen Trommlern und Trompetern bestand, bis in die Stadt. Es folgten viertägige Hochzeitsfeierlichkeiten, die an Pomp kaum zu überbieten waren. Am eigentlichen Tag der Vemählung, dem 13. November, zog ein spektakulärer Hochzeitszug, bestehend aus je hunderteinundvierzig Herren und Damen, zur Barfüßerkirche. Dabei wurde die traditionelle Rangordnung exakt eingehalten: An der Spitze der Herren liefen der Bräutigam, sein Stiefvater und der Schwiegervater, dahinter die männlichen Gäste in absteigender Reihe ihres Standes und zuletzt die Junggesellen; dann kamen die Frauen dran, zunächst die Jungfrauen, dann die weiblichen Gäste in aufsteigender Reihe ihres Standes, zum Schluss die Brautmutter und Ursula selbst. Insgesamt trennten das Paar also zweihundertachtzig Personen! Nach der Trauung begab sich die Gesellschaft in die Geschlechterstube des Hauses »Alt-Limpurg« auf den Römerberg zu einem überaus üppigen Festessen. Um die damals gültige Polizeiordnung zu umgehen, die pro Mahl nicht mehr als drei Gänge gestattete, reichte man einfach zu jedem Gang so viele verschiedene Speisen, dass letzten Endes trotzdem zehn komplette Gerichte serviert worden waren. Dazu wurde selbstverständlich ein guter Trunk kredenzt. Das Ganze wurde von zahlreichen Musik-, Schauspiel- und Poesieeinlagen begleitet.

»Buchhalter« Glauburg listete nicht nur die eingegangenen Hochzeitsgeschenke Punkt für Punkt auf, sondern auch die Unkosten für die Verköstigung von circa sechshundert Gästen. Die Summe war enorm. An Hunger und Durst musste während dieser prunkvollen Festivitäten wirklich niemand leiden. Liebe geht eben doch durch den Magen!

Über die Ehe selbst gibt es deutlich weniger zu berichten. Sie scheint glücklich verlaufen zu sein. Das Ehepaar lebte im Junghof, der an der heutigen Junghofstraße lag. Der Junker widmete sich als Privatier der Verwaltung seines riesigen Vermögens, während seine Frau das große Haus führte, die Stiefkinder erzog, ihrem Mann fünf eigene Kinder schenkte und am 11. Dezember 1610 im Alter von dreißig Jahren an den Folgen der letzten Entbindung starb. Sie wurde auf dem Peterskirchhof, neben der ersten Frau von Glauburg, bestattet. Nur ein Jahr später gesellte sich dann Johann Adolf zu seinen Gattinnen.

DER ROSENKRIEG

Clemens Brentano & Auguste Bußmann

Im zweiten Teil dieses Kapitels geht es um eine Beziehung, die man getrost als Hassliebe bezeichnen kann. Unter dem Titel »Requiem für eine romantische Frau« hat der Schriftsteller Hans Magnus Enzensberger nicht nur die Briefe von Clemens Brentano und Auguste Bußmann, sondern auch die aus ihrem gesamten Umfeld zusammengetragen. Es gab eigentlich niemanden aus ihrem Verwandten- und Bekanntenkreis, der sich nicht zu einer Stellungnahme in dieser Angelegenheit bemüßigt gefühlt hätte. Insgesamt über zweihundert Schreiben vermitteln einen einzigartigen Einblick in das Auf und Ab einer kurzen und ungestümen Verbindung. Leider sind Clemens' Mitteilungen an Auguste verloren gegangen, aber an ihren Reaktionen lässt sich der Inhalt meist sehr gut erschließen.

Als unsere Protagonisten einander im Jahr 1807 näherkamen, waren sie beide in der Liebe kein unbeschriebenes Blatt mehr.

Clemens Wenzel Maria Brentano, neunundzwanzig Jahre alt, aus der berühmten und wohlhabenden Frankfurter Kaufmannsfamilie Brentano stammend, hatte sich nach mehreren angefangenen und nicht zu Ende gebrachten Studiengängen auf die Schriftstellerei verlegt. Zusammen mit seinem ehemaligen Kommilitonen und besten Freund Achim von Arnim veröffentlichte er die Volksliedersammlung »Des Knaben Wunderhorn«, wodurch beide zu den Hauptvertretern der sogenannten Heidelberger Romantik wurden. 1803 hatte er Sophie Mereau geborene Schubart geheiratet. Die Familie war entsetzt. Nicht nur dass Sophie acht Jahre älter war als Clemens, sie war auch noch geschieden, alleinerziehende Mutter und als Autorin und Übersetzerin tätig. Man hatte in die Hochzeit erst eingewilligt, als sich ihre Schwangerschaft herausgestellt hatte. Das Zusammenleben zwischen der selbstbewussten Frau und dem besitzergreifenden Dichter beschrieb Sophie selbst einmal einer Freundin als »Himmel und Hölle«, wobei die Hölle vorherrschend wäre. Diese Worte sollten auch in geradezu erschütternder Weise auf Clemens' zweite Ehe zutreffen, wie Sie gleich erfahren werden. Sophie jedenfalls war ihrem Mann zuliebe dreimal schwanger; die ersten beiden Babys starben kurz nach der Geburt, das dritte kam 1806 tot zur Welt und kurz darauf, noch im Wochenbett, verschied auch Sophie. Sie wurde sechsunddreißig Jahre alt. Die Trauer des Witwers soll herzzerreißend gewesen sein.

Magdalena Margarete Auguste Bußmann, geboren am 1. Januar 1791, war die Tochter von Johann Jakob Bußmann und seiner Frau Marie Elisabeth geborene Bethmann. Ihr Vater starb schon früh und ihre Mutter gab sie nach ihrer zweiten Eheschließung in die Obhut des Bankiers Simon Moritz von Bethmann. Der Onkel, einer der reichsten Männer Europas, wurde Augustes Vormund und ließ ihr in seinem Haus eine ausgezeichnete Bildung angedeihen. 1806 verliebte sie sich in einen königlich-holländischen Adjutanten, der sich für kurze Zeit in Frankfurt aufhielt. Um die heiß ersehnte Verlobung gegen alle familiären Einwände doch noch zu erreichen, warf sie sich in einer theatralischen Szene der Königin von Holland zu Füßen – mit Erfolg. Kurz darauf war sie versprochen.

Es war der 22. Juli 1807. In Frankfurt wurde ein feierlicher Triumphmarsch zu Ehren Napoleons abgehalten. Clemens Brentano stand mit einigen Begleitern am Palais Thurn und Taxis und schaute dem Treiben zu. Was dann geschah, stellt sich aus seiner Erinnerung folgendermaßen dar: »Äußerlich ganz still, sanft und sinnig ja tiefsinnig erscheinend, entsetzlich verständig sprechend, entschloßen wie ein Mann, jungfräulich schüchtern wie eine Nonne, wirft sich mir Auguste (...) mit erschrecklicher Gewalt, nach einigen poetischen Galanterien, die ich ihr, von all ihren Umständen ununterrichtet, gemacht, an den Hals.« Der arme Mann! Das unschuldige Opfer einer ganz und gar »erschrecklichen« Attacke! Im gleichen Brief an Achim von Arnim heißt es weiter: »Ihr Betragen ist so toll zärtlich und Aufsehen erregend daß alles auf uns sieht, ich stehe wie am Pranger, mit unaussprechlicher Angst und trauriger Empfindung,

war mir es nur eine dunkle Empfindung, daß die Arme die mich öffentlich umschlangen mir wirklich ein Halseisen werden könnten.« Er hatte also damals eigentlich schon geahnt, wie alles enden würde. Na ja, hinterher ist man eben immer schlauer.

Als das junge Mädchen diesen öffentlichen Skandal provozierte, um ihrem Wunsch einer Beziehung mit Clemens Nachdruck zu verleihen, war sie eigentlich ja noch verlobt und hatte den angebeteten Mann erst ein paar Mal gesehen. Sie war fasziniert von seinem südländischen Äußeren, den schwarzen Locken und den dunklen

Augen, und natürlich von seinem Nimbus als Dichter. Bettine Brentano, Clemens' Schwester, konnte dagegen Augustes Äußerem nicht viel abgewinnen: »So viel kann ich Ihnen sagen, daß sie nur sechzehn Jahre alt ist, mir kein angenehmes Antlitz hat, denn es hat keine straffen Züge, sondern vielmehr etwas angeschwollen.«

Clemens mag in diese Affäre, bei der Auguste die Zügel in der Hand hielt, hineingestolpert sein, so unangenehm, wie er es aus der Rückschau aussehen lassen wollte, war sie ihm aber keineswegs. Er fühlte sich anfangs sehr stark von dem temperamentvollen Fräulein angezogen. Am 24. Juli berichtete die Schwester Meline Brentano an Friedrich Karl von Savigny: »Clemens ist wütend in die Auguste verliebt und sie auch in ihn, vergißt ihren Offizier. Dies gibt auch eine Geschichte.« Das kann man wohl sagen, denn die Reaktion beider Familien darauf lässt sich leicht erraten! Es hagelte Vorwürfe. Also war noch einmal die Initiative Augustes gefragt, die als »Regisseurin« dieser Liebesburleske noch so einiges in petto hatte: Sie erzählte Clemens, dass man sie wegen ihres Betragens ins Kloster stecken wollte, und überredete ihn, auf der Stelle mit ihr aus der Stadt zu flüchten. Beide fanden zunächst Unterschlupf bei Brentanos Schwager Karl Jordis in Kassel. In Frankfurt war man nun verständlicherweise in hellem Aufruhr. »Clemens hat die Bußmann entführt. Diesen Morgen haben wir es entdeckt«, meldete Meline am 28. Juli aufgeregt Savigny. Anfangs stand Clemens noch zu dem gemeinsamen Entschluss, wie seine Rechtfertigung bei Jordis zeigt: »Diese Flucht selbst war von so unendlicher Raschheit, und so unvermuthet, als die heftige Liebe, die uns zwang, sie vor Umständen zu ergreifen, von welchen wir uns sehr wenig, ja kaum Hoffnung machen konnten, je glücklich vereinigt zu werden.« Später sprach er dann selbst von einer »Entführung«, allerdings hätte nicht er Auguste entführt, sondern umgekehrt.

Die Familien fühlten sich kompromittiert und drängten auf eine schnelle Heirat, um noch mehr unnötiges Aufsehen zu vermeiden. Bethmann, von seinem Pflegekind unendlich enttäuscht, adressiert sein Schreiben vom 3. August »An mein durch Ausartung abgestorbenes Mündel, genannt Auguste Bußmann«. Er wendet sich darin nicht einmal direkt an sie, sondern benutzt durchgängig die dritte Person: »Auguste dünkt sich der Mittelpunkt, um den die ganze Welt sich drehen müste.« Oder: »Sie bedurfte eines albernen, sehr gemeinen Romans in ihrer Lebensgeschichte, die so stolze Auguste würdigte sich zur Buhldirne herab, die mit dem ersten besten Mann das Land durchstreicht, denn fliehen kann ich es nicht nennen. Niemand verfolgte sie.« Und zuletzt: »Auguste ist tod für mich, und ich traure um das was sie sein könnte, und hätte sein sollen.« Starker Tobak. Also wurde das Paar am 21. August im Dom zu Fritzlar getraut. Clemens berichtet Achim von Arnim später: »Die ganze Handlung war so läppisch, so elend, die Kirche schien über mir einzustürzen, und eine innere Trauer vernichtete mich.«

Bislang war das Ganze nur ein aufregendes Abenteuer gewesen. Nun begann der Alltag und der bestand schon nach kürzester Zeit nur noch aus Auseinandersetzungen. Auguste hatte für diese Liebe ihr bisheriges Leben hinter sich gelassen, hatte die Abkehr ihr nahestehender Personen in Kauf genommen, um bald feststellen zu müssen, dass Clemens unfähig war, mit ihr zusammenzuleben. Er war von ihrer kapriziösen Art und ihren Gefühlsausbrüchen völlig überfordert und genervt. Auguste bemerkt das schon drei Wochen nach der Hochzeit: »Er glaubte mich lieben zu können – er liebte mich – und fühlt sich nun in allen seinen Erwartungen getäuscht, an ein Geschöpf gekettet das ihn nicht versteht. (...) So begreife ich daß er schnell mich verlassen muß um sich vor Unmuth, Ekel zu bewaren. (...) Hier ist mein ganzes Wesen: Ich will nur Clemens Glück, aber meine unglückliche Liebe zu ihm quält ihn oft und so muß ich ihn mit eben der Gewalt von mir entfernen mit der ich ihn an mich zog.«

Ach, wäre das Paar damals bloß schon so konsequent gewesen, sich zu trennen, dann hätte es sich viel ersparen können! Aus immer massiveren Beschimpfungen wurden gegenseitige Prügeleien: »Auguste hat mich mit ihrem Wesen bereits mehrmal zur Verzweiflung gebracht, zweimahl hat sie mich geschlagen, und mich endlich dahin gebracht, daß ich sie auch einmahl gewalkt.« Nach solchen Vorfällen redete man tagelang nicht miteinander. Im März 1808 unternahm Auguste den ersten von mehreren Selbstmordversuchen, durch Aufschneiden der Pulsadern. Clemens blieb von der Tat gänzlich ungerührt und schildert sie Arnim völlig ironisch: »In meinem großen Elend ist das neuste, daß die zu Zeiten ganz verrückte Auguste vor drei Tagen mit einem Federmesser und einer Schere aus Langerweile sich zwei Stiche gegeben hat, die ein kolossaler Floh auch hätte vollziehen können.« Auguste wurde nun gegen ihren Willen im Hause eines Pfarrers in Allendorf untergebracht. Dort gefiel es ihr überraschend gut, sie freundete sich mit den erwachsenen Kindern der Familie an, wurde ruhig und ausgeglichen und schrieb ihrem Mann sehnsüchtige und zärtliche Briefe – und er ihr offensichtlich auch, sonst hätte sie nicht gejubelt: »O du einziger – mir schwindelt vor meinem Loos, ich kenne den herrlichsten Menschen und er liebt mich!« Diese Wiederannäherung wird von Achim von Arnim in einem Billett an Bettine im Juni 1808 folgendermaßen kommentiert: »Es steht übrigens alles blümerant zwischen Clemens und seiner Frau, Liebesbriefe, eigentliche, begegnen sich auf der Post. (...) Ich fürchte, sie werden einander soviel Staub oder Puder zuwerfen, daß sie sich beim Wiedersehen gar nicht wiedererkennen oder anfassen mögen. (...) Ich kann die Geschichte nicht mehr ernsthaft nehmen, nehmen sie beide nur wie Schnupftabak davon, um zu niesen und daß ein andrer sage: Wohl bekomms, oder: Prost!«

Kaum hatte man sich wieder zusammengerauft, folgten sofort schlimmste Streitereien. Zwar gab es auch kurze Phasen der Versöhnung und des Friedens, aber an ein Zusammenleben als Ehepaar war nicht zu denken. In den nächsten beiden Jahren bezeichnete Clemens seine Frau gegenüber Dritten unter anderem als »Epilepsie, die ich habe und die mich plötzlich mitten in jedem gültigen und gleichgültigen Zustande des täglichen Lebens niederwirft«, und als »verfluchtes Weib, das mir einen Jammerkübel über den andern übergießt«. War man getrennt und hatte sich beruhigt, entwickelte man wieder Gefühle füreinander, aber sie waren nicht frei von Schmerz, wie Augustes Anrede an ihren Mann in einem Brief vom Herbst 1808 überdeutlich zeigt: »O du abscheulicher garstiger böser hassenswerther gehaßter geliebter Clemens. Clemens warum thust du mir solche Qual an? Ich küsse dich heute nicht, ich schlage dich, ich beiße dich, ich kraze dich, ich drücke dich tod aus Liebe wenn du kommst.«

Aus Liebe war ein Rosenkrieg geworden. Die meisten Bekannten des Paares machten Auguste dafür verantwortlich. Sie verspielte sich letzte Sympathien, als sie zwei weitere groß inszenierte Suizidversuche unternahm, diesmal durch Vergiften, einen davon öffentlichkeitswirksam in einem Gasthaus. Bettine war Zeugin des zweiten Vorfalles geworden und schrieb entnervt im März 1809 an Savigny über Auguste: »Ich werde von heute mich ganz von ihr abziehen. (...) Mir vernichtet es die Gesundheit. Sie hat durch unerträgliches lügenhaftes Geschwätz alle Menschen, die sie nicht kannten, gerührt. (...) Es ist die verdrießlichste Geschichte meines Lebens.« Sicherlich sind Augustes Eskapaden unsäglich gewesen, aber man muss der Fairness halber zugeben, dass sie vor allem ihrer Hilflosigkeit geschuldet waren. Sie wollte im täglichen Leben verwirklichen, was die Romantiker in ihren Werken so vollmundig verkündeten, und erkannte nicht den Unterschied zwischen Theorie und Praxis.

Sie hatte mehrfach versucht, sich Clemens' Vorstellungen von einer Beziehung unterzuordnen und das tugendhafte gehorsame Weib zu sein, aber das entsprach nicht ihrem Naturell. Als sie merkte, dass ihr der geliebte Mann immer mehr entglitt, versuchte sie eben mit allen ihr zur Verfügung stehenden Mitteln, ihn zu halten.

Clemens wiederum war von Anfang an viel zu passiv. Als der deutlich Ältere hätte er versuchen müssen, eine Struktur in die Beziehung zu bringen, einen Rahmen zu schaffen. Dazu hätte es aber Mut und Konsequenz bedurft. Stattdessen verwandte er seine ganze Energie darauf, sich nach außen hin als armes Opferlamm zu präsentieren. Eine wunderbare Einschätzung der Lage liefert schon im März 1808 Savigny in einem Brief an Clemens Brentano: »Wer zweifelt daran, daß Sie es gut und rein mit A[uguste] gemeint haben? Aber eben so gewiß bin ich, daß A[uguste] von Herzen gerne glücklich mit Ihnen gelebt und Sie glücklich gemacht hätte. Sie war ungeschickt dazu. Nun also, von Ungeschicklichkeit ist die Rede, und ungeschickt waren Sie gegen A[uguste] nicht minder. Daß ihr Gemüt von Natur reicher und fruchtbarer ist, macht hierin keinen Unterschied, am wenigsten zu Ihrem Vorteil. Nichts ist verderblicher, als jene Übertreibung im eigenen Gefühl, und so lange Sie darüber nicht Herr werden, werden Sie alles schief und schlecht angreifen, sei es Scheidung oder eheliches Leben.«

»Scheidung« ist das richtige Stichwort. Es wird Zeit, dass wir das Trauerspiel beenden. Der Prozess wurde 1810 eingeleitet, aber erst am 22. Dezember 1814 wurde das Urteil rechtskräftig. Clemens hatte bereits 1811 die Befreiung aus dieser Ehe mit dem hemmungslosen Hassgedicht »Wohlan! so bin ich deiner los« gefeiert, das hier in Auszügen wiedergegeben wird.

Wohlan! so bin ich deiner los
Du freches lüderliches Weib!
Fluch über deinen sündenvollen Schoß
Fluch über deinen feilen geilen Leib,
Fluch über deine lüderlichen Brüste
Von Zucht und Wahrheit leer,
Von Schand' und Lügen schwer,
Ein schmutzig Kissen aller eklen Lüste.

(…)

Mein Gott, mein Gott, er will sich mein erbarmen,
Mein Herr hat mich befreit aus deinen Armen,
Wohin dein Gott, der Satan mich geführt;
Drum hab' ich nimmer dir dein Herz gerührt,
Und wie ich mochte bitten, mochte flehen,
Kein edles Wort hört' ich von dir erstehen,
Du drohst, du elend Weib, dich zu ermorden,
O könntest du's, es stürb' dein ganzer Orden,
Doch spar' die Mühe nur, denn du bist längstens tot,
Längst faulst du in dir selbst, in Sünd' und Lügenkot.
Schneidst du den Hals dir ab
Und springst du in die Spree,
Du findest nie ein Grab
Die Spreu schwimmt in der Höh'.

(…)

1832 wählte Auguste Bußmann den Freitod. Sie ertränkte sich im Main bei Frankfurt.

Nach so viel negativer Energie wird es wieder Zeit für eine harmonische Liebesbeziehung. Unser nächstes Paar kann damit dienen; es führte fast fünfzig Jahre lang eine glückliche Ehe.

»DU BIST DER ANKER AN DER GUTEN SEITE DES UFERS«

Otto von Bismarck & Johanna von Puttkamer

Friedrich Stoltze erkor ihn einst zu seinem persönlichen Feindbild und hielt an dieser Einschätzung dann ein für alle Mal fest. Lassen Sie beispielsweise mal folgende Strophe eines Stoltze-Gedichtes aus dem Jahr 1863 auf sich wirken:

Hängen soll der Herr von Bismarck
Sehr an seinem Herrn und König,
Doch die undankbare Menschheit
Liebt den Herrn von Bismarck wenig.

Herrlich, wie der Leser hier an der Nase herumgeführt wird und nach der ersten Zeile glauben muss, es handele sich um einen Aufruf zur Lynchjustiz, dabei wird nur auf die mangelnde Popularität des Preußen angespielt! Auch heute hat man ihn hauptsächlich als den »Eisernen Kanzler« in Erinnerung. Doch es gab auch eine weichere Seite dieses Mannes, und von der soll hier die Rede sein.

»Ich sitze hier, unverheiratet, sehr einsam, neunundzwanzig Jahre alt, körperlich wieder gesund, aber geistig ziemlich unempfänglich, treibe meine Geschäfte mit Pünktlichkeit, aber ohne besondere Teilnahme, suche meinen Untergebenen das Leben in ihrer Art behaglich zu machen und sehe ohne Ärger, wie sie mich dafür betrügen. Des Vormittags bin ich verdrießlich, nach Tisch allen milden Gefühlen zugänglich. Mein Umgang besteht in Hunden, Pferden und Landjunkern. (...) So vegetiere ich fast wie ein Uhrwerk, ohne besondere Wünsche und Befürchtungen zu haben; ein sehr harmonischer und sehr langweiliger Zustand.« Der hier seinen Überdruss so präzise zusammenfasst, ist kein anderer als Otto Eduard Leopold von Bismarck, geboren am 1. April 1815 auf Gut Schönhausen in der Altmark, das seit über zweihundertfünfzig Jahren in Familienbesitz war. Nach der Schulzeit in einem Berliner Internat hatte er in Göttingen und Berlin Jura studiert, das erste Staatsexamen abgelegt, dann aber das Referendariat abgebrochen und einen einjährigen freiwilligen Militärdienst abgeleistet. Seiner verkrachten bürgerlichen Existenz hatte er 1839 eine neue Richtung gegeben, indem er fortan mit seinem älteren Bruder Bernhard zusammen die pommerschen Liegenschaften Kniephof, Külz und Jarchlin bewirtschaftete. In beruflicher Hinsicht war er also seriös geworden, sein Privatleben war dagegen ein völliges Desaster. Landauf, landab wurde er damals nur der »tolle Junker« genannt. Auf kaum einer gesellschaftlichen Veranstaltung fehlte er, auch wenn er dafür Stunden unterwegs sein musste, und dort stand er dann aufgrund seiner stattlichen Erscheinung und seiner Wortgewandtheit meist im Mittelpunkt. Außerdem erwies er sich als ausgesprochen trinkfest und spielfreudig. Bei seinen Saufkumpanen stand er ob dieser Qualitäten natürlich hoch im Kurs, bei allen anderen festigte sich jedoch im Lauf der Zeit sein katastrophaler Ruf, weil er neben den genannten schlechten Angewohnheiten auch noch diverse Frauengeschichten hatte. Schon seine Beamtenlaufbahn hatte er sich auf diese Weise verbaut. Damals hatte er ein besonderes Faible für Ausländerinnen entwickelt und sich kurz nacheinander in die Nichte des Herzogs von Cumberland, dann in eine verheiratete Französin und last, not least wieder in eine Engländerin, die siebzehnjährige Isabella Loraine-Smith, verliebt. Bei ihr hatte es ihn wirklich erwischt; monatelang war er ihr kreuz und quer durch Deutschland nachgereist und hatte dafür seinen Urlaub und seine Finanzen grenzenlos überzogen. Und während seiner Zeit als Landwirt war es im gleichen Stile weitergegangen.

Einen Weg aus der Perspektivlosigkeit, die das nebenstehende Zitat so plastisch ausdrückt, bot sich ihm erst durch den Kontakt zu einem Kreis von Pietisten, der durch seinen Schulfreund Moritz von Blankenburg zustande kam. Moritz war mit Marie von Thadden liiert, zu der sich auch Bismarck unwiderstehlich hingezogen fühlte. Obwohl Marie und ihn eine große Seelenverwandtschaft verband, kam für die junge Frau eine Trennung von ihrem Verlobten nicht in Betracht, sodass die Vermählung wie geplant im Oktober 1844 stattfand. Otto hatte hier also den Kürzeren gezogen, durch den Umgang mit den sehr frommen Freunden aber zur Religion gefunden, die ihm für sein ganzes weiteres Leben Kraft und Zuversicht geben sollte. Auf der Hochzeit war Maries gute Freundin Johanna von Puttkamer seine Tischdame gewesen, schien damals aber noch keinen großen Eindruck auf ihn gemacht zu haben. Das änderte sich bei einer Wanderung, die die beiden mit dem Ehepaar von Blankenburg im Sommer 1846 unternahmen. Es kam zu einer vorsichtigen Annäherung, die durch den überraschenden Tod Maries im Herbst desselben Jahres auf einmal eine enorme Dynamik entwickelte. Beide glaubten an eine gemeinsame Zukunft und wollten in Anbetracht ihrer Sterblichkeit keine weitere Zeit verschwenden. Darum schrieb Otto am 21. Dezember 1846 an Heinrich von Puttkamer und bat ihn um »das Höchste, was Sie auf dieser Welt zu vergeben haben«, nämlich die Hand seiner Tochter. Obwohl der Brief rhetorisch sehr geschickt abgefasst war, fiel die Antwort des tiefgläubigen Vaters ausweichend aus. Der Bewerber hatte ja wahrlich keinen ermutigenden Leumund, deswegen wollte ein solcher Schritt wohlüberlegt sein. Diese Hinhaltetaktik schmeckte Bismarck gar nicht und so machte er sich im Januar 1847 kurzerhand selbst nach Reinfeld auf, zum Landsitz der Puttkamers. Im persönlichen Gespräch gelang es ihm, die Eltern sowohl von seinen ehrlichen Absichten als auch von seinem geänderten Lebenswandel zu überzeugen. In der Zwischenzeit war er nämlich der von ihm sehr stark empfundenen intellektuellen Leere in seinem Leben durch erste politische Ambitionen entgegengetreten. Als Johanna daraufhin das Zimmer betrat, umarmte er sie ungestüm, um seiner Entschlossenheit Nachdruck zu verleihen. Dadurch »geriet alles in Richtigkeit«, meinte er später, und ein Biograf fasst sehr treffend zusammen: »Nach dem vorbereitenden diplomatischen Manöver die überraschende Attacke – das blieb eine Methode, auf die sich Bismarck auch später

in seiner politischen Amtszeit blendend verstehen sollte.« Gemessen an seinen Startschwierigkeiten legte das Paar jetzt ein wirklich rasantes Tempo vor: Antrag am 21. Dezember, Verlobung am 12. Januar, Trauung am 28. Juli 1847 in Reinfeld, anschließend sofortiger Umzug Johannas auf das Schönhausener Anwesen, das Otto seit dem Tod des Vaters 1845 bewirtschaftete.

Wer war denn nun die Frau, die das Leben dieses Tunichtguts so gehörig umgekrempelt hatte? Johanna Friederike Charlotte Dorothea Eleonore von Puttkamer, geboren am 11. April 1824, verfügte über keine auffallenden weiblichen Reize, sondern wusste vielmehr durch ihre angenehme Art für sich einzunehmen. Sie war, so drückt es die Freundin Marie von Blankenburg aus, »ein frischer, sprudelnder Gesundbrunnen, eine wahre Arzenei für uns arme kranke Herzen. Eine schöne pikante Blume, über die nie ein Gifthauch gegangen ist (...) Sie hat nichts Schönes im Äußeren als Augen und lange schwarze Locken, sieht sonst alt aus, spricht viel, witzig und munter mit jedem Menschen, Mann oder Weib, und macht keinen solchen Unterschied wie wir zwischen interessant und uninteressant.« Sie besaß die Gabe, dass sich jedermann in ihrer Nähe behaglich fühlte, denn sie hatte »ein einzig tiefes Gemüt zum Glücklichmachen, (...) eine warme, tiefe, starke, unentweihte Kraft der Liebe.«

Ihr Mann wusste, was für einen guten Fang er da gemacht hatte. An seinen Bruder schrieb er anlässlich seiner Hochzeit, er glaube, »ein großes und nicht mehr gehofftes Glück gemacht zu haben, indem ich ganz kaltblütig gesprochen eine Frau von seltenem Geist und seltenem Adel der Gesinnung heiratete, dabei liebenswürdig (...) wie ich nie ein Frauenzimmer gekannt habe.«

Johanna kommt in vielen literarischen Darstellungen richtig schlecht weg. Ihre Rolle wird immer auf die aufopfernde Ehefrau und treu sorgende Mutter reduziert. Das war sie auch – unbenommen. Dabei blieb sie selbst aber nicht auf der Strecke, wie heute so gern postuliert wird. Für sie war diese Rollenverteilung selbstverständlich, aber nicht aus gesellschaftlichem Zwang, sondern aus eigenem Antrieb heraus. Sicher hatte ihr Aufwachsen in einem pietistisch geprägten Elternhaus an dieser Haltung einen nicht geringen Anteil. Wie immer man Johannas Persönlichkeit auch beurteilen mag, für das Wirken ihres Mannes war sie essenziell. Er hatte in ihr einen Rückhalt, auf den er sich zeitlebens verlassen konnte. Nicht umsonst schrieb er ihr in den Anfangsjahren ihrer Ehe: »Du bist der Anker an der guten Seite des Ufers. Reißt der, so sei Gott meiner Seele gnädig.«

Die erste Bewährungsprobe dieser innigen Beziehung sollte ausgerechnet Frankfurt sein! Hierhin verschlug es Bismarck 1851 – nach einigen politischen Zwischenstationen – als preußischen Gesandten am Deutschen Bundestag. Nachdem er im »Englischen Hof« am Rossmarkt abgestiegen war, gab er gleich Nachricht nach Hause und vermeldete: »Frankfurt ist gräßlich langweilig.« Sehen wir ihm diese Fehleinschätzung einmal nach, zumal er sie sehr schnell gründlich revidieren sollte, und zeigen stattdessen lieber an einigen besonders schönen Beispielen, wie sehnsüchtig, aber auch einfühlsam und fürsorglich seine Briefe an die weit entfernte Gattin waren.

Er vermisste sie anfangs sehr in dieser pro-österreichisch gesinnten Stadt und wunderte sich: »Ich weiß nicht, wie ich das früher ausgehalten habe; sollte ich jetzt leben wie damals, ohne Gott, ohne Dich, ohne Kinder – ich wüßte doch in der Tat nicht, warum ich das Leben nicht ablegen sollte wie ein schmutziges Hemd.« Um sich besser einzugewöhnen, aber auch um Geld zu sparen, zog er im Sommer 1851 in die Hochstraße 45, wo zur selben Zeit auch Heinrich Hoffmann wohnte. Natürlich skizzierte er seiner Frau nicht nur die neue Bleibe, sondern unterrichtete sie auch über alle Ereignisse aus seinem Leben. Besonders negativ berührte ihn seine erste Begegnung mit der Welt der Diplomatie. »Selbst das kühlere Maß von landsmannschaftlicher und Parteizuneigung was mir in Berlin wurde, ist ein inniges Verhältnis zu nennen gegen den hiesigen Verkehr, der im Grunde nichts als gegenseitiges mißtrauisches Ausspionieren ist; wenn man noch etwas auszuspüren und zu verbergen hätte, es sind lauter Lappalien mit denen die Leute sich quälen, und diese Diplomaten sind mir schon jetzt mit ihrer wichtigtuenden Kleinigkeitskrämerei viel lächerlicher als der Abgeordnete der II. Kammer im Gefühl seiner Würde. (…) Kein Mensch, selbst der böswilligste Zweifler von Demokrat, glaubt es, *was* für Scharlatanerie und Wichtigtuerei in dieser Diplomatie steckt.« Diese oberflächliche und scheinheilige Welt war ihm auch deswegen so verhasst, weil er wusste, dass sie seiner Frau zutiefst zuwider sein würde. Sie würde in Frankfurt aufgrund seiner Position einen großen Hausstand führen müssen und »steif und ehrbar im Salon sitzen, Excellenz heißen und mit Excellenzen klug und weise sein«. Um ihr den Anfang in der ungewohnten Umgebung zu erleichtern, hatte er sich gleich mit einer einflussreichen Dame »auf Freundschaftsfuß gestellt, um eine mächtige Stütze für Dich an ihr zu haben, wenn Du in das kalte Bad der diplomatischen Gesellschaft steigst«. Er schlug ihr vor, sich ein bisschen mit dem Französischen zu beschäftigen, das die bevorzugte Konversationssprache unter den Gesandten wäre, schränkte aber sogleich ein: »Es hängt das Leben nicht dran, Du bist *meine* Frau und nicht der Diplomaten ihre, und sie können ebensogut deutsch lernen wie Du französisch.« Aus Angst, sie durch seine drastischen Schilderungen des glatten diplomatischen Parketts verschreckt zu haben, schloss er den Brief mit einer einzigartig rührenden Liebeserklärung: »Ich habe Dich geheiratet, um Dich in Gott und nach dem Bedürfnis meines Herzens zu lieben und um in der fremden Welt eine Stelle für mein Herz zu haben, die all ihre dürren Winde nicht erkälten und an der ich die Wärme des heimatlichen Kaminfeuers finde, an das ich mich dränge, wenn mich draußen friert; nicht aber, um eine Gesellschaftsfrau für Andere zu haben, und ich will Dein Kaminchen hegen und pflegen und Holz zulegen und pusten, und schützen und schirmen gegen alles Böse und Fremde, denn es gibt nichts, was mir nächst Gottes Barmherzigkeit teurer, lieber und notwendiger ist als Deine Liebe.«

Im Herbst 1851 kam Johanna mit den beiden Kindern Marie und Herbert nach und die Familie mietete ein Haus in der Bockenheimer Landstraße 40, in dem 1852 der Sohn Wilhelm zur Welt kam. Alle zusammen fühlten sich in der Freien Stadt immer wohler, pflegten viele Freundschaften und waren nach Bismarcks Abberufung 1859 traurig darüber, sie wieder verlassen zu müssen. »Ich hätte nie geglaubt, daß ich noch einmal in meinem Leben Heimweh nach Frankfurt am Main empfinden sollte, aber mir war recht wehmütig, als mir bei Bockenheim unser Haus und später die letzte Taunusspitze aus den Augen schwand.« Er besuchte Frankfurt noch einige Male auf der Durchreise und schloss hier, im Hotel »Zum Schwan«, 1871 auch den Vertrag zur Beendigung des Deutsch-Französischen Krieges, den »Frankfurter Frieden«.

Seine Ehe mit Johanna hielt über siebenundvierzig Jahre und endete erst mit ihrem Tod 1894. Mehr als fünfhundert Briefe sind aus dieser Zeit bekannt. In ihnen spiegelt sich durchgehend eine große Achtung Ottos vor seiner Frau. Einer der größten Bismarck-Kenner, Lothar Gall, konstatiert, dass sie »in ihrer Unmittelbarkeit, ihrer Intensität und unbedingten Hinwendung selbst in der reichhaltigen Briefliteratur des 19. Jahrhunderts nur wenig ihresgleichen finden. Sie zeigen, in welchem Maße ihn diese Verbindung innerlich bestimmt, seinem Leben Sicherheit und Sinn gegeben hat, und wie sehr er ihrer bedurfte, um zu sich selbst zu gelangen, zu Beruhigung und Gleichgewicht, nicht nur einmal, sondern immer wieder.« Tatsächlich gab es für ihn kaum etwas Schlimmeres, als vergebliches Warten auf Nachricht von zu Hause. Im Juni 1851 rügte er von Frankfurt aus: »Mein Liebling, wolltest Du mir gar nicht mehr schreiben? Ich war gestern schon entschlossen, nicht eher eine Feder anzusetzen, als bis ich einen Brief von Dir in Händen hätte, aber ich will doch artig sein und Dir sagen, daß ich gesund bin und Dich liebe, wenn Du auch Dein Tintfäßchen eintrocknen läßt.« Und nach Zeugenaussagen war sein letztes Gebet auf dem Sterbebett am 30. Juli 1898: »Gib, daß ich meine Johanna wiedersehe.«

Die preußische Annexion der Stadt 1866 wurde Otto von Bismarck von den Frankfurtern, allen voran Friedrich Stoltze, persönlich angelastet und niemals verziehen. Da half es auch nicht, dass der ehemalige Reichskanzler sie als »die Stadt, in der ich mich, nächst Berlin, am längsten und liebsten aufgehalten habe«, bezeichnete.

Vielleicht wäre der Mundartdichter mit ihm weniger hart ins Gericht gegangen, hätte er von den privaten Parallelen zwischen ihnen beiden gewusst. Beide hätten nämlich niemals ihrem Beruf, der zugleich Berufung war, nachgehen können, wenn ihnen ihre Frauen nicht so vorbildlich den Rücken freigehalten hätten. Wie heißt es doch so schön: Hinter jedem erfolgreichen Mann steht eine starke Frau.

KAPITEL II

LIEBE UND RELIGION

DIE WILDE EHE

Friedrich Stoltze & Anna Maria Messenzehl

Es gibt übrigens noch eine weitere Gemeinsamkeit zwischen Bismarck und Stoltze: ihr unstetes Leben, bevor sie die richtige Frau trafen.

Friedrich Philipp Stoltze wurde am 21. November 1816 in Frankfurt geboren. Seine Eltern, Friedrich Christian Stoltze und Anna Maria geborene Rottmann, betrieben das Gasthaus »Zum Rebstock«, in dem der Junge und seine drei Jahre ältere Schwester schon früh mit der politischen Stimmung in ihrer Heimatstadt in Berührung kamen. Der Vater, selbst freiheitlich-republikanisch gesinnt, stellte sein Hinterzimmer nämlich verbotenerweise sogenannten »Demagogen« für konspirative Treffen zur Verfügung. Gerade im vergleichsweise liberalen Frankfurt waren viele Bürger mit dem Deutschen Bund und seiner restaurativen Ausrichtung unzufrieden und wünschten sich den Zusammenschluss der vielen deutschen Einzelstaaten zu einer einzigen Nation.

Das Aufwachsen in einem derart engagierten Elternhaus prägte beide Kinder nachhaltig. Von Annetts tragischem Schicksal wird noch zu berichten sein. Hier soll zunächst der Werdegang Friedrichs zur Sprache kommen.

Nach dem Besuch der Mittelschule absolvierte er lustlos eine Lehre in einem Kolonialwarengeschäft. Seine wahre Begeisterung galt der Dichtkunst, das hatte er bereits früh gemerkt. Doch äußere Zwänge, der Tod des Vaters, die angespannte Finanzlage der Mutter, machten die Hoffnung auf ein Studium zunichte. Stattdessen verdiente er seinen Lebensunterhalt erst im »Rebstock«, dann als Kaufmannsgehilfe in Lyon, vernachlässigte in dieser Zeit aber nicht seine literarischen Neigungen und glaubte fest an eine Zukunft als Autor.

Wie nicht anders zu erwarten, erwachte bei dem Jüngling auch irgendwann das Interesse am anderen Geschlecht. In der Episode »Mit ganz Frankfurt verwandt« erzählt er sehr amüsant, dass er in diesem Zusammenhang eine besondere Vorliebe für das Küssen entwickelt hatte. Darum überlegte er eines Tages angestrengt, wie er die Anzahl diesbezüglicher Gelegenheiten noch erhöhen könnte. Er hatte so oft Pfänderspiele in seiner Nachbarschaft veranstaltet – diese Möglichkeit war ausgereizt. Auf einmal kam ihm ein Geistesblitz: Als Hochzeitsgast war man ja geradezu verpflichtet, die Braut zu küssen, und weil in Frankfurt sowieso jeder mit jedem verwandt war, würde sein Erscheinen niemanden verwundern. Er verabredete sich mit seinem Freund Karl für den nächsten Tag, an dem in der Katharinenkirche eine Trauung stattfinden sollte. Dort mogelten sich beide unter die Gratulanten. Als sie endlich an die Reihe kamen, gab Friedrich der Frischvermählten einen dicken Schmatz, worauf sie errötend fragte, wer er denn eigentlich wäre. Schlagfertig behauptete er, der Vetter Zacharias zu sein, von dem er während der Wartezeit in der Schlange hatte reden hören. Dummerweise hatte dieser erst kurz zuvor dem Paar seine Aufwartung gemacht, sodass der Schwindel aufflog.

Seine erste große Liebe war spätestens seit 1837 die gleichaltrige Maria Christine Retting. Ihr strenger und konservativer Vater duldete die Beziehung zu dem politischen Freigeist und unsoliden Möchtegernschriftsteller nicht und verweigerte seine Zustimmung zur Heirat. Die Beziehung blieb jedoch trotzdem jahrelang bestehen und führte im Juni 1842 zur Geburt des Sohnes Adolf. Aus Angst brachte Christine ihr Kind heimlich in Mainz zur Welt und gab es danach zu Pflegeeltern. Nur ein Jahr später starb sie. Der kleine Adolf kam zu seiner Großmutter Anna Maria Stoltze, die ihn aufzog.

Friedrich erfuhr von ihrem frühen Tod in Thüringen und war tief betroffen. Kurz zuvor hatte er sich schweren Herzens von ihr getrennt. Auf Wunsch seines Frankfurter Gönners Georg Marquard Seufferheld war er dann abgereist, um bei dem Reformpädagogen Friedrich Fröbel die Kindergarten-Idee kennenzulernen. Er gab also Deutschunterricht an zwei Ausbildungsanstalten für Kindergärtnerinnen, verzauberte nebenbei auch die eine oder andere Schülerin und knüpfte sogar wieder zarte Bande, und zwar zu der Tochter des Amtmanns von Blankenburg, Laura Sigismund. Aber die Wunde, die der Verlust Christines in seinem Inneren verursacht hatte, war noch zu frisch; er fühlte sich noch nicht wieder bereit für eine neue Bindung.

Das Blatt wendete sich für Friedrich Stoltze nach seiner Heimkehr im Jahr 1845. Seufferheld hatte sich erhofft, dass er nun die Lehren Fröbels in Frankfurt publik machen und in diesem Sinne als Schulmeister tätig werden würde, doch das kam für ihn überhaupt nicht infrage. Schon 1841 hatte sein Mäzen ihm die Publikation eines ersten Gedichtbands finanziert. Daran wollte er anknüpfen und seine Anstrengungen verdoppeln, um sein Dasein nur noch als unabhängiger Literat bestreiten zu können. Außerdem gedachte er, seine politischen Aktivitäten zu verstärken. Zu diesem Zweck besuchte er unter anderem das »Montags-Kolleg«, einen überkonfessionellen Treff liberal gesinnter Bürger. Tja, und hier sah er Fräulein Messenzehl, seine »Mary«, zum ersten Mal. Anna Maria war zehn Jahre jünger als er, die Tochter eines Frankfurter Steindeckermeisters, blond, ungewöhnlich gebildet, in ihren Ansichten sehr frei und doch tief im katholischen Glauben verwurzelt.

Wie bei Otto und Johanna von Bismarck verschwendete auch hier das Paar, nachdem es sich gefunden hatte, keine weitere Zeit. Bereits im August 1846 kam das erste Kind zur Welt, das jedoch leider nach acht Wochen starb, 1848 das zweite, und erst als das dritte unterwegs war, nämlich am 10. April 1849, traten die beiden vor den Traualtar. Das ist für die damalige Zeit eine – gelinde gesagt – unkonventionelle Vorgehensweise. Gründe für die »verspätete Hochzeit« gab es mehrere: Zunächst ist die Radikalisierung der Entwicklung in diesen Jahren zu nennen, die in der Revolution von 1848/49 gipfelte. Der freiheitsliebende Dichter nahm an den Geschehnissen nicht nur emotional großen Anteil, er unterstützte die demokratische Bewegung auch durch die Veröffentlichung vieler Texte und war dadurch stark in Anspruch genommen. Des Weiteren war der Nachweis eines geregelten Einkommens des Bräutigams dringend angeraten. Bis dies der Fall war, hatte man allerdings in keuscher Verlobung und nicht in wilder Ehe zu leben! Das größte Hindernis war freilich ganz anderer Natur: Die beiden Liebenden gehörten unterschiedlichen Konfessionen an. Friedrich war evangelisch, Marie römisch-katholisch. Es musste entschieden werden, in welcher Kirche geheiratet werden sollte. Als die Hochzeit dann in der Katharinenkirche, in der Stoltze schon getauft und konfirmiert worden war, endlich stattfand, sorgte sie in der Stadt für großes Aufsehen, handelte es sich doch um die erste Mischehe Frankfurts mit kirchlichem Segen. Jener war allerdings lutherisch, denn ökumenische Trauungen gab es damals noch nicht. Was diese Gewissensentscheidung, die sich die beiden wirklich nicht leicht gemacht hatten, in der Praxis für sie bedeutete, hat Stoltze Jahrzehnte später in dem Gedicht »Die Mischehe« auf den Punkt gebracht:

Wir armes altes Ehepaar!
Ach wehe! Wehe! Wehe!
Wir leben schon so manches Jahr
In einer wilden Ehe!

Den lutherischen Dickkopf, ach,
Anstatt ihn zu verfehmen,
Warst du, o Frau, dereinst so schwach,
Zu lieben und zu nehmen!

Und weil du Katholikin bist,
Und ich dir hab' gefallen,
So hat dich nun der Antichrist,
Der Teufel in den Krallen.

Ein Pfarrer hat uns zwar getraut,
Doch luth'risch-diabolisch,
Und Gott war nicht davon erbaut,
Denn Gott ist streng katholisch.

Und was mich ganz besonders beugt,
Denn es verdiente Hiebe:
Die Kinder all, die wir erzeugt,
Sind Kinder, ach, der Liebe!

Verschlossen ist die Kirche dir,
Zu meiner ist's noch weiter;
Wenn Andre beten, müssen wir
Spazieren gehen leider.

Du darfst zu keiner Ohrenbeicht
Und mußt sie ewig missen; -
Du machst dir selbst die Seele leicht:
Du hast ein gut Gewissen!

Und stieß man dich auch grausam aus
Wie Sündenrost und Schimmel, -
Wir machen uns den Teufel draus
Und kommen in den Himmel.

Wie sehr diese Liebe sein Leben veränderte, kann niemand besser schildern als der Dichter selbst:

Meiner Frau Marie

Seitdem du mich liebst und ich weiß es von dir,
Seitdem hab' ich wieder Respekt vor mir,
Ich steh' vor dem Spiegel und schnalz' mit der Zunge:
He, Fritzchen, du bist doch ein prächtiger Junge!

Seitdem ich ihr hab' in die Augen geseh'n,
Die Sprache der Sterne nun kann ich versteh'n;
Sie strahlen die Liebe vom Himmel herunter
Bis tief in den Abgrund der Hölle hinunter.

Seitdem du mich hast auf die Wangen geküßt,
Mir ist es, als hab' mich ein Engel gegrüßt,
Herniedergestiegen aus himmlischen Pforten;
Seitdem bin ein besserer Mensch ich geworden.

Marys Stärke verdient absolute Bewunderung. In den ersten Jahren hatte sie die Souveränität, ihren Lebensgefährten bei seinen vielfältigen Projekten zu unterstützen, während sie als uneheliche Mutter nicht nur finanzielle Sorgen, sondern mit Sicherheit auch die gesellschaftliche Diskriminierung quälten. Mit ihrem ausgeprägten Sinn fürs Praktische gelang es ihr dann, dem chaotischen Künstler ein Mindestmaß an beruflicher Routine beizubringen, der zuvor vor allem dann tätig geworden war, wenn ihn die Muse geküsst hatte. Die stetig wachsende Familie, Marie brachte in fünfzehn Jahren elf Kinder auf die Welt, von denen jedoch mehrere sehr jung starben, wollte schließlich ernährt sein. Um regelmäßige Einnahmequellen zu haben, riet sie ihrem Mann zur Herausgabe von Periodika wie der »Krebbelzeitung« und der »Frankfurter Latern«, übernahm persönlich den Selbstverlag und überwachte mit Argusaugen die finanziellen Angelegenheiten. In den Jahren, in denen er wegen seiner dezidiert antipreußischen Meinungsäußerungen verfolgt wurde, war die Familie in ihrem Leben sehr stark eingeschränkt. Haftbefehle und Vorladungen flatterten ins Haus, die dafür sorgten, dass Friedrich für viele Jahre die Stadt nicht verlassen konnte, weil die benachbarten Staaten Auslieferungsabkommen mit Berlin unterhielten. Tat er es doch einmal, musste sie ungeheure Ängste um ihn ausstehen.

Als Preußen Frankfurt besetzte, ging sie klaglos mit ihm ins Exil. Und als er wegen politischer Repressalien längere Zeit nicht publizieren durfte, kam sie sogar für den Familienunterhalt auf, in dem sie ein Weißwäschegeschäft übernahm. Sie war eine in allen Lebenslagen zuverlässige Partnerin ihres Mannes, ein Fels in der Brandung, ihm dabei immer ebenbürtig und für ihre Zeit enorm emanzipiert. Bevor Stoltze dieser großartigen Frau begegnet war, hatte er sich genauso unaufgehoben gefühlt wie Bismarck vor der Bekanntschaft mit Johanna. Nach Marys Tod 1884 wurde ihm erst richtig bewusst, dass sie die ideale Gefährtin für ihn gewesen war.

Ein Jahr danach zog er in dem Gedicht »Daheim« die Bilanz seines Lebens. In ebenso schlichten wie anrührenden Worten skizziert er darin die Rolle seiner Frau:

So bin ich daheim, bin in Frankfurt geblieben,
Es stand nach der Fremde nicht Herz mir und Sinn,
Ich habe im Dialekte geschrieben,
Ich liebte auch sehr eine Frankfurterin.

(...)

Und war mir auch Gold nicht beschieden im Leben,
Ich war ja zufrieden in meinem Verbleib;

Es hatte der Himmel mir Lieder gegeben,
Ein Herz meiner Seele: Marie, mein Weib.

(...)

Und kommt es zum Sterben, und wenn ich es werde,
So wird mir der Abschied dann halb nicht so schwer;
Ich ruh' ja in Frankfurt, in heimischer Erde,
Bei meiner Marie. Was will ich noch mehr?

DER DEUTSCHHERRENMÜLLER

War die Heirat zwischen den Konfessionen Mitte des 19. Jahrhunderts auch eine regelrechte Sensation, im Zeitalter der Reformation war sie noch völlig undenkbar. Angehörige der verschiedenen Glaubensrichtungen beschimpften sich damals gegenseitig als Irrgläubige und mieden sich, so gut es ging.

Auch nach der offiziellen Einführung der Reformation in Frankfurt im Jahr 1533 blieb der Deutsche Orden streng katholisch und erwartete Gleiches von den bei ihm Beschäftigten. Zu seinen ausgedehnten Ländereien gehörte auch der Seehof östlich des Sachsenhäuser Bergs, der seinen Namen den dortigen Fischteichen verdankte. Leider gibt es den Gutshof heute nicht mehr, nur noch die Seehofstraße erinnert an ihn, aber früher umfasste der Besitz auch noch eine Mühle, die vom abfließenden Wasser der Seehofquellen angetrieben wurde. Die Bewohner des Fischerhäuschens mussten ihren Herren regelmäßig eine bestimmte Anzahl Fisch abliefern, während der Müller das Korn zu mahlen hatte, das die dem Orden steuerpflichtigen Bauern ihm brachten.

Der Deutschherrenmüller aus unserer Geschichte war zwar altgläubig, wie es sein Arbeitgeber verlangte, und nichts hätte ihn von seiner Überzeugung abbringen können, aber ansonsten war er kein sehr angenehmer Zeitgenosse. In der ganzen Stadt fürchtete man seinen Jähzorn, und kein Mühlknappe hielt es lange bei ihm aus. Seine Frau war schon vor längerer Zeit gestorben und so lebte er mit seiner einzigen Tochter Anna allein in der Mühle. Ihre Patin war die Fischersfrau, die sie häufig und gern besuchte. Außerdem traf sie dabei auch immer wieder junge Männer von außerhalb, die dem angestammten Fischer aushalfen und Lustiges aus ihren Heimatdörfern zu erzählen wussten. Auf diese Weise lernte sie eines Tages Wilfried, einen Bauernsohn aus der Wetterau, kennen und lieben. Ihn hatte seine Neugier auf das Stadtleben nach Frankfurt verschlagen.

Eines schönen Tages saßen die beiden gerade traulich beieinander, als ein Bote Wilfried einen Brief seines Vaters überbrachte, in dem stand, dass er sich zur Ruhe setzen und den Betrieb an ihn als seinen ältesten Sohn übergeben wollte. Das passte dem Fischergehilfen gar nicht, hatten Anna und er doch gerade eben übers Heiraten gesprochen. Er überlegte daher, den Hof einem der jüngeren Brüder zu überlassen. Er wollte sich lieber um Aufnahme in die Sachsenhäuser Fischerzunft bemühen, da die Ordensritter ihn wegen seines Luthertums wohl kaum als Nachfolger des alten Fischers akzeptieren würden. Anna erschrak sehr, als sie erfuhr, dass ihr Geliebter dem neuen Glauben anhing. Sie konnte Wilfried nur mit Ach und Krach davon abbringen, sogleich ihren Vater aufzusuchen und um ihre Hand anzuhalten. Sie wusste, dass sie den Vater erst ganz langsam darauf vorbereiten musste, sollte es für sie beide auch nur den Hauch einer Chance geben.

Zu Hause angekommen, erzählte sie zunächst vorsichtig von dem Heiratsantrag und freute sich, dass der Müller prinzipiell nichts dagegen einzuwenden hatte. Als er aber erfuhr, dass Wilfried evangelisch war, schlug seine Laune sofort um. Er tobte und schrie: »Nur über meine Leiche heiratest Du einen Ketzer. Das verbietet uns unser Glaube. Schlag' Dir das sofort aus dem Kopf.« Er drohte, sie aus dem Haus zu werfen, wenn sie nicht von dem Abtrünnigen lassen würde. Am Boden zerstört ging sie zu Wilfried zurück und berichtete von dem Krach, doch der wollte sich noch nicht geschlagen geben. Er beschloss, selbst mit ihrem Vater zu reden, obwohl Anna und alle Fischersleute ihm davon abrieten. So lief er zur Mühle, wo der Müller gerade arbeitete, und bat ihn mit vielen wohlgesetzten Worten um seinen Segen für diese Verbindung. Aber der wollte ihm gar nicht zuhören und wies ihn schroff ab. Als Wilfried nicht sofort die Mühle verließ, packte Annas erboster Vater geradewegs einen Knüppel, der in der Ecke stand, holte weit aus und zielte auf den Kopf des jungen Mannes. Dieser taumelte und stürzte unglücklicherweise ins laufende Mahlwerk. Obwohl der Müller es daraufhin sofort abstellte, konnte er nur noch einen verstümmelten Leichnam daraus hervorziehen. Ungerührt hob er den Toten auf und schleppte ihn zum nächsten Teich, wo er ihn hineinwarf und sich wieder auf den Weg nach Hause machte. Sein Frevel war jedoch nicht unbeobachtet geblieben. Anna hatte sich aus Sorge um Wilfried auf den Weg zur Mühle gemacht und dadurch das heimliche Treiben des Vaters mit angesehen. Sie war so verzweifelt, dass sie ohne ein weiteres Wort zum Wasser rannte, ein kurzes Gebet sprach und sich dann ihrem Liebsten hinterherwarf.

Am nächsten Morgen wurden die beiden Liebenden geborgen und später gemeinsam beerdigt, wie es sicher ihr Wunsch gewesen wäre. Der Müller wurde dem Richter vorgeführt und musste zum Vorwurf des Mordes Stellung beziehen. Er gestand seine Tat, zeigte aber keinerlei Reue. »Er war doch nur ein Ketzer, der meine Tochter ins Unglück gestürzt hätte.« Noch bevor er zur Verantwortung gezogen werden konnte, raffte ihn ein Schlaganfall dahin. Seine Leiche wurde außerhalb der Stadt anonym verscharrt.

»DAS THERMOMETER DER LIEBE«

Susanna Katharina von Klettenberg & Johann Daniel Olenschlager

Die Religion machte noch einem weiteren Frankfurter Liebespaar einen Strich durch die Rechnung. Diesmal war der Fall allerdings ganz anders gelagert. Die Konfession der Beteiligten spielte nämlich keine Rolle.

Man schrieb das Jahr 1731. Die achtjährige Susanna Katharina, Tochter des in Frankfurt sehr geschätzten Arztes und Ratsherrn Re-

migius Seiffart von Klettenberg, erlitt einen Blutsturz. Die anschließende Genesung dauerte fast ein Jahr, in dem sie das Elternhaus »Zum grünen Frosch« am Rahmhof nicht verlassen konnte. Diese Zeit hatte das kleine Mädchen sehr verändert: »Es war mir aus der Kindheit nichts Wildes geblieben. Ich konnte nicht einmal mit Puppen spielen, ich verlangte nach Wesen, die meine Liebe erwiderten.«

Elf Jahre später. Aus dem zarten Kind war eine wohlerzogene, vielseitig gebildete junge Dame geworden, die durch die Stellung des Vaters Zugang zur höfischen Gesellschaft Karls VII. gefunden hatte, der nach seiner Krönung zum Kaiser des Heiligen Römischen Reiches Deutscher Nation 1742 für einige Zeit in der Mainstadt residierte. Im Lauf der Zeit erregte einer der Herren aus diesem Umfeld, Johann Daniel Olenschlager, immer stärker ihre Aufmerksamkeit. Er stammte ebenfalls aus Frankfurt, ebenfalls aus einer begüterten patrizischen Familie, war zwölf Jahre älter als sie, Jurist, und praktizierte seit mehreren Jahren hier als Anwalt. »Er hatte sich in der diplomatischen Laufbahn guten Ruf erworben und hoffte bei verschiedenen Veränderungen, die an unserm neuen Hofe vorgingen, vorteilhaft plaziert zu werden. (...) Mein Vater sprach viel zu seinem Lobe, und seine schöne Gestalt hätte noch mehr Eindruck gemacht, wenn sein ganzes Wesen nicht eine Art von Selbstgefälligkeit gezeigt hätte. Ich hatte ihn gesehen, dachte gut von ihm, aber wir hatten uns nie gesprochen.« Auf einem Ball ergab sich dazu erstmals die Gelegenheit. Dabei unterhielten sich die beiden so angeregt miteinander, dass sie bald von allen Seiten geneckt wurden. Danach hielten sie den Kontakt aufrecht. Olenschlager schickte seiner Gesprächspartnerin viele Bücher, über die er sich mit ihr austauschen wollte, »doch das mußte geheimer als ein verbotenes Liebesverständnis gehalten werden. Man hatte die gelehrten Weiber lächerlich gemacht, und man wollte auch die unterrichteten nicht leiden, wahrscheinlich weil man für unhöflich hielt, so viel unwissende Männer beschämen zu lassen. Selbst mein Vater, dem diese neue Gelegenheit, meinen Geist auszubilden, sehr erwünscht war, verlangte ausdrücklich, daß dieses literarische Kommerz ein Geheimnis bleiben sollte.«

Diese rein intellektuelle Verbindung pflegte man über ein Jahr. »Wer weiß, wie lange wir noch auf diese Weise fortgelebt hätten, wären durch einen sonderbaren Zufall unsere Verhältnisse nicht auf einmal verändert worden.« Beide waren Gäste einer Gesellschaft, die von Anfang an aus dem Ruder lief. Schon bei Tisch tranken die Männer unmäßig und unternahmen platteste Annäherungsversuche. Beim darauf folgenden Pfänderspiel hatte Olenschlager die Aufgabe erhalten, jedem Teilnehmer etwas Angenehmes ins Ohr zu flüstern, womit er sich nach Ansicht eines Hauptmannes bei dessen Gattin zu lange aufgehalten hatte. Eifersüchtig ohrfeigte er den vermeintlichen Wüstling und kurz danach standen sich beide mit gezücktem Degen gegenüber. Der rasende Offizier brachte seinem Widersacher eine Wunde am Hinterkopf bei, die so stark blutete, dass Susanna ihn schnell aus der Gefahrenzone in ein anderes Zimmer brachte. Dort kümmerte sie sich mit solchem Einsatz um die Versorgung der körperlichen und seelischen Schmerzen des Verletzten, dass sie zum Schluss selbst blutüberströmt war. Dieser Zwischenfall hatte für sie alles verändert: »Der Affekt, der im tiefsten Grunde des Herzens ruhte, war auf einmal losgebrochen wie eine Flamme, welche Luft bekömmt. Und wenn Lust und Freude sehr geschickt

sind, die Liebe zuerst zu erzeugen und im stillen zu nähren, so wird sie, die von Natur herzhaft ist, durch den Schrecken am leichtesten angetrieben, sich zu entscheiden und zu erklären.«

Die sensationslüsterne Öffentlichkeit war natürlich schnellstens über jedes Detail der Begebenheit informiert, schlug sich vehement auf die Seite des Opfers und sparte nicht mit Lob über die Tatkraft Susannas. Natürlich wurde auch hingebungsvoll über mögliche Konsequenzen aus der Affäre spekuliert. Klatsch und Tratsch trieben die tollsten Blüten. Doch das interessierte Publikum musste sich zunächst noch gedulden. Olenschlager war erst einmal für zwei Monate außer Gefecht gesetzt. Später ließ er es sich zwar nicht nehmen, seiner Retterin persönlich Dank abzustatten und sie häufiger zu besuchen, doch waren die beiden bei solchen Anlässen keinen Augenblick allein. Kleinste gegenseitige Andeutungen ihrer Empfindungen war alles, was ihnen blieb. Eines Tages aber war es so weit. »Nun erschien er als Liebhaber und fragte mich, ob ich ihm mein Herz und, wenn er eine ehrenvolle, wohlbesoldete Stelle erhielte, auch dereinst meine Hand schenken wollte.« Natürlich wollte sie. Ihre Eltern stimmten zu. Man feierte die Verlobung. Das war im Jahr 1742.

Die Zukunft schien rosig. In Susannas Leben drehte sich alles nur noch um ihren Verlobten: »Nichts hatte außer ihm einen Reiz für mich. Selbst meine Liebe zum Putz hatte nur den Zweck, ihm zu gefallen; wußte ich, daß er mich nicht sah, so konnte ich keine Sorgfalt darauf wenden. Ich tanzte gern; wenn er aber nicht dabei war, so schien mir, als wenn ich die Bewegung nicht vertragen könnte. (...) So ging es mit Promenaden und allen gesellschaftlichen Vergnügungen, die sich nur denken lassen.« Für eine kurze Zeit schwebte die Braut im siebten Himmel, doch dann zogen die ersten Wolken auf. Hatte der platonische Freund ihre Neigung zu den Wissenschaften noch ästimiert, war der Bräutigam mit einem Mal ganz anderer Meinung: »Er machte es wie alle Männer, spottete über gelehrte Frauen und bildete unaufhörlich an mir.« Auch in anderer Hinsicht setzte er seine Verlobte unter Druck. Das Paar war sich zwar einig darüber, dass ihm vor der Ehe Dinge verboten waren, zu denen es hinterher sogar verpflichtet sein würde. »Allein über die Grenzen der Tugend und Sittsamkeit waren wir sehr verschiedener Meinung. Ich wollte sichergehen und erlaubte durchaus keine Freiheit, als welche allenfalls die ganze Welt hätte wissen dürfen. Er, an Näschereien gewöhnt, fand diese Diät sehr streng; hier setzte es nun beständigen Widerspruch; er lobte mein Verhalten und suchte meinen Entschluß zu untergraben.« Durch diese Widersprüchlichkeiten verunsichert, von den gesellschaftlichen Zerstreuungen zunehmend gelangweilt, beschäftigte sie sich erstmals ernsthafter mit der Religion und versuchte, dort Antworten zu finden.

Nach einem Jahr Verlobungszeit bewarb sich Daniel auf eine Position, die ihn in den Stand gesetzt hätte, Susanna zum Altar zu führen. Obwohl er der qualifiziertere Kandidat gewesen war, erhielt sie ein anderer. Auch weitere aussichtsreiche Stellenwechsel zerschlugen sich, Ärger in der Familie kam noch hinzu: Der sonst so souveräne Mann war völlig verzweifelt. Auch seine Braut war über diese Entwicklung natürlich nicht erfreut, verzögerten sich dadurch doch ihre gemeinsamen Pläne, sie fand aber Trost im Gebet, sodass sie ihre Heiterkeit nicht verlor und dem Enttäuschten Mut machen konnte. Je mehr sie die Nähe zu Gott allerdings suchte, desto unbefriedigender erschien ihr das Leben, das sie bislang geführt hatte. Es bestand aus einer einzigen Aneinanderreihung von gesellschaftlichen Verpflichtungen. Sie absolvierte sie immer lustloser, zuletzt nur noch um ihres Liebsten willen, der von ihrer Notwendigkeit, gerade im Hinblick auf seine Karriere, überzeugt war. Innerlich zerriss sie dieser Zwiespalt: »Ich legte mich oft mit Tränen zu Bette und stand nach einer schlaflosen Nacht auch wieder so auf; ich bedurfte einer kräftigen Unterstützung, und die verlieh mir Gott nicht, wenn ich mit der Schellenkappe herumlief.« Sie kämpfte lange mit sich, dann erzählte sie dem Bräutigam von ihrem Entschluss: Zukünftig wollte sie ihr Leben nur noch dem Herrn und ihm weihen. Ließe er sie nach ihrer Überzeugung gewähren, wäre sie weiter treu die Seine. Diese neue Entwicklung stieß bei Olenschlager auf wenig Verständnis. Er hielt sich etwas darauf zugute, ein vorwärtsgewandter Intellektueller zu sein, der nur an die Dinge glaubte, die sich wissenschaftlich beweisen ließen. Er versuchte darum, sie von ihrem Irrweg wieder abzubringen und deckte sie mit Literatur ein, die die Existenz unsichtbarer Mächte in Abrede stellte. Ihm zuliebe las sie alle durch, ihre Ansichten gerieten dadurch aber nicht ins Wanken, im Gegenteil. Sie handelte nun nur noch nach ihrem Gewissen und nahm keine Rücksicht mehr auf die Erwartungen anderer. Noch immer empfand sie viel für ihren Verlobten, »aber das Thermometer, das vorher im heißen Wasser gestanden, hing nun an der natürlichen Luft; es konnte nicht höher steigen, als die Atmosphäre warm war.« Und die kühlte nun merklich ab, denn Olenschlager befremdete ihr Verhalten so, dass er sich immer seltener bei ihr blicken ließ, und irgendwann blieb er einfach ganz weg. Mehrere Monate lang überlegte Susanna, was nun zu tun wäre. »Aber da ich endlich nach tausendfältigem Streit, nach immer wiederholter Betrachtung auch scharfe Blicke auf das Band warf, das mich an ihm festhielt, entdeckte ich, daß es nur schwach war, daß es sich zerreißen lasse.« Sie nahm die ganze Sache also selbst in die Hand und bat Olenschlager um eine Erklärung für sein Ausbleiben. Die Antwort war eine Ansammlung umständlicher und nichtssagender Phrasen, wie »daß er ohne bessere Stellen sich nicht einrichten und mir seine Hand anbieten könne, daß ich am besten wisse, wie hinderlich es ihm bisher gegangen, daß er glaube, ein so lang fortgesetzter fruchtloser Umgang könne meiner Renommée schaden, ich würde ihm erlauben, sich in der bisherigen Entfernung zu halten; sobald er imstande wäre, mich glücklich zu machen, würde ihm das Wort, das er mir gegeben, heilig sein.« Auf diesen Tag wollte Susanna freilich nicht mehr warten. Nachdem sie ihren Eltern den ganzen Sachverhalt erklärt hatte und sie mit der Entscheidung der Tochter einverstanden waren, sprach sie ihn seines Versprechens ledig und wünschte ihm für seine Zukunft alles erdenklich Gute. Ihre Worte vollständig ignorierend, versicherte er ihr noch einmal, dass er sich auch weiterhin an sein Wort gebunden fühlte. Und als ihm neun Monate später der lang ersehnte berufliche Aufstieg endlich gelang, wurde er tatsächlich im Hause Klettenberg vorstellig und hielt förmlich um ihre Hand an. Es war allerdings eine kleine Bedingung daran geknüpft: Als seine Gattin müsste sie von ihrer religiösen Gesinnung in ihrer jetzigen Form ablassen. »Ich dankte höflich und eilte mit Herz und Sinn von dieser Geschichte weg, wie man sich aus dem Schauspielhause heraussehnt, wenn der Vorhang gefallen ist.« Die Entlobung im Jahr 1747 sorgte in Frankfurts gehobenen Kreisen für mancherlei Wirbel. Besonders peinlich wurde dabei empfunden, dass sie vonseiten der Frau ausgesprochen worden war! Sonderlich geknickt kann der Abgewiesene aber nicht gewesen sein, denn nur kurze Zeit später fand er in Sara Orth, der Tochter eines hiesigen Juristen und Rechtshistorikers, eine überaus passende Partie.

All das bekümmerte Susanna wenig. »Jung und voll Empfindung, wie ich einmal war, deuchte mir die Schöpfung tausendmal schöner als vorher. Da ich mich meiner Frömmigkeit nicht schämte, so hatte ich Herz, meine Liebe zu Künsten und Wissenschaften nicht zu verbergen. Ich zeichnete, malte, las und fand Menschen genug, die mich unterstützten. Meine Geschichte war ruchbar geworden, und es waren viele Menschen neugierig, das Mädchen zu sehen, das Gott mehr schätzte als ihren Bräutigam.« Obwohl sie in der Folge noch einige Heiratsanträge erhielt, entschied sie sich dazu, ledig zu bleiben, um ihr Leben der Frömmigkeit widmen zu können. Das tat sie dann auch. Sie wurde Pietistin, veröffentlichte religiöse Schriften und versammelte Menschen verschiedener Konfessionen zu offenen Gesprächskreisen. Darunter befand sich auch Frau Rat Goethe, die sie 1768 bei der Pflege des krank aus Leipzig zurückgekehrten Sohnes unterstützte, obwohl ihr altes Lungenleiden aus der Kindheit wieder aufgebrochen war. Sie wurde zu einer engen Vertrauten Goethes, die er in den nächsten zwei Jahren häufig besuchte. Er beschreibt sie in »Dichtung und Wahrheit« folgendermaßen: »Sie war zart gebaut, von mittlerer Größe; ein herzliches natürliches Betragen war durch Welt- und Hofart noch gefälliger geworden. Ihr sehr netter Anzug erinnerte an die Kleidung Herrnhutischer Frauen. Heiterkeit und Gemütsru-

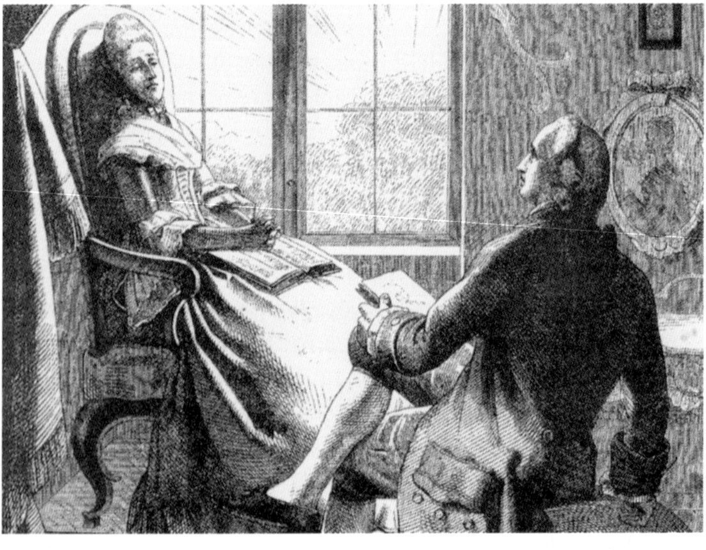

he verließen sie niemals. Sie betrachtete ihre Krankheit als einen notwendigen Bestandteil ihres vorübergehenden irdischen Seins; sie litt mit der größten Geduld, und in schmerzlosen Intervallen war sie lebhaft und gesprächig.« In einer solchen Phase erzählte sie ihm die Geschichte ihrer Liebe zu Daniel Olenschlager, die er fast dreißig Jahre später in seinem Roman »Wilhelm Meisters Lehrjahre« leicht verfremdet wiedergibt. Im sechsten Buch, den »Bekenntnissen einer schönen Seele«, berichtet Susanna, hier immer nur »schöne Seele« genannt, über ihren Weg zu Gott. Sie spart dabei den Umweg über Olenschlager nicht aus, dessen von Goethe mit Bedacht gewählter Deckname »Narziss« den Nagel auf den Kopf trifft.

KAPITEL III

TREUE LIEBE

Umfragen in einschlägigen Magazinen bringen es mit schöner Regelmäßigkeit ans Licht: Die meisten Menschen wünschen sich von ihrem Partner »ewige Treue«. Dass sich vor allem Frauenzeitschriften immer wieder dieses Themas annehmen, ist dabei kein Zufall. Treue in Beziehungen fällt von jeher in den weiblichen Zuständigkeitsbereich!

Besonders augenfällig wird das bei der Betrachtung von Grabmonumenten früherer Epochen: Während Männern gern der Löwe als Zeichen ihrer Stärke und ihres Mutes beigegeben wurde, erhielten Frauen meist den Hund zugeordnet, das Symbol ehelicher Treue.

FRAUENLIEBE

Wir haben in Frankfurt einige eindrucksvolle Beispiele partnerschaftlicher Loyalität vorzuweisen.

Da wäre zunächst einmal das einfache Bürgermädchen, das sich in einen jungen Mann verliebte, der ebenfalls große Zuneigung zu ihr gefasst hatte. Weil er ein Goldschmiedegeselle war, gehörte es sich für ihn, auf Wanderschaft zu gehen. Nach seiner Rückkehr sollte Hochzeit sein, das versprach er seinem Schatz, und bis dahin wollten sie einander treu bleiben. An einem sonnigen Frühlingsmorgen geleitete die frisch gebackene Verlobte ihn also auf die Alte Brücke und nach einem tränenreichen Abschied sah sie ihm noch lange nach.

Nach einem Jahr hielt sie es vor Sehnsucht nicht mehr aus; sie ging zur Brücke, um nach ihrem Liebsten Ausschau zu halten. Von nun an machte sie es sich zur Gewohnheit, Tag für Tag dort Stellung zu beziehen. Oft glaubte sie, ihn in der Ferne erspähen zu können, doch bei näherem Hinsehen erwies es sich jedes Mal als Täu-

schung. Kamen andere Wanderburschen vorbei, erkundigte sie sich nach ihm, aber niemand konnte ihr Auskunft geben.

So verging die Zeit und aus dem blühenden Mädchen, das die Frankfurter wegen seiner unerschütterlichen Ausdauer längst liebevoll »Wegwarte« getauft hatten, war eine blasse, verhärmte Frau geworden. Die mitleidigen Brückenwächter rieten ihr, nun nicht länger zu warten – womöglich war ihrem Verlobten ja etwas zugestoßen –, sondern lieber einen anderen Gemahl zu wählen. Das kam für sie freilich nicht infrage.

Im Laufe der Jahre verwirrte sich ihr Verstand immer mehr; die früher so gepflegte Erscheinung verlotterte völlig, sie versäumte aber niemals ihren Dienst auf der Brücke. Noch als altes gebücktes Mütterlein war sie immer auf ihrem angestammten Platz anzutreffen und betrachtete alle Passanten ganz genau. Eines Tages saß sie dort gar zu still, und als ein Brückenknecht nach dem Rechten sehen wollte, stellte er fest, dass sie gestorben war. Später erzählte er allen, dass ihr Gesicht im Tod wieder jung und schön gewesen war und ein glückliches Lächeln darauf gelegen hatte, so als wäre der lang Ersehnte endlich gekommen.

Es gibt diese traurige Geschichte übrigens noch in einer anderen Variante, in der die Protagonisten nicht mehr namenlos sind. In dieser Fassung entflammen die aus einer gut beleumundeten, aber armen Familie stammende Elsbeth und der Frankfurter Patrizier Jost von Glauburg füreinander. Seine Verwandten konnten sich nicht für diese unstandesgemäße Beziehung erwärmen und ergriffen daher die nächstbeste Gelegenheit, die Turteltauben zu trennen. Als der Kaiser ein Frankfurter Kontingent zur Unterstützung seines Italienfeldzugs anforderte, sorgten sie dafür, dass Jost zum Anführer dieser Schar gemacht wurde.

Von hier an läuft alles weiter wie oben: Nach gegenseitigem Treueschwur bricht der Ritter auf und Elsbeth wartet und wartet umsonst auf der Alten Brücke auf seine Wiederkehr. Einen Unterschied gibt es aber noch: Eines Tages kamen die überlebenden Kämpfer tatsächlich in die Mainstadt zurück und berichteten der auf ihrem Posten ausharrenden Frau, ihr Jost wäre als tapferer Krieger vor Mailand gefallen, doch die Arme wollte es nicht glauben und wurde darüber wahnsinnig.

In beiden Versionen hielt die Frau ihrem Geliebten bis in den Tod die Treue, weswegen ihr Schicksal auch häufig unter dem Titel »Die treue Braut« erzählt wird. Obwohl diese Tugend – wie soeben überzeugend dargelegt – also eine hauptsächlich weibliche Domäne ist, sind wir in Frankfurt auch um ein Exempel männlicher Verlässlichkeit nicht verlegen ...

DER MÖRDERBRUNNEN

Im Frankfurter Stadtwald gibt es eine kleine Quelle, die schon seit vielen Jahrhunderten als »Mörderbrunnen« bekannt ist. Hier wohnte früher eine liebliche Nymphe, die aber so scheu war, dass sie nur ganz wenige Menschen je gesehen hatten. Eines Tages war ein junger Jäger in der Nähe dieses Ortes eingeschlafen und erst nachts wieder wach geworden, als er die herrliche Stimme der Wasserfee hörte, die auf dem Rand des Brunnens saß und ein Lied sang, während sie ihr langes wallendes Haar kämmte. Noch nie hatte ein Mädchen sein Herz erobern können, aber bei diesem Anblick war es sofort um ihn geschehen. Obwohl er die zarte Gestalt nur ganz leise anrief, erschreckte sie sich und wollte entfliehen – bis sie ihm in die Augen gesehen hatte, dann war es dafür zu spät.

Fortan besuchte der Bursche sie jede Nacht und die beiden wurden ein Paar. Schon bald verriet sie ihm auch ihr Geheimnis: Würde er ihr sieben Jahre lang die Treue halten, wäre sie erlöst und könnte seine menschliche Ehefrau werden. Der Jäger ging voller Freude auf den Vorschlag ein. Da schenkte sie ihm als Zeichen ihrer Verbundenheit einen Ring mit einem hellen Stein und erklärte, dass dieser seinen Schimmer sofort verlieren würde, sobald er ihr untreu würde.

Eines Tages stellte der Förster noch einen weiteren Waidmann ein. Dieser wunderte sich sehr über das auffällige Schmuckstück seines Kollegen und noch mehr darüber, dass jener abends nie mit den anderen jungen Leuten ins Wirtshaus oder zum Tanz ging, sondern sich stattdessen immer in den Wald aufmachte. Irgendwann war er so neugierig geworden, dass er ihm hinterherspionierte. Als er die beiden zusammen sah, wie sie sich küssten und herzten, neidete er ihnen ihr Glück. Er wollte die Nymphe um jeden Preis für sich haben. Nachdem er verstanden hatte, dass der Ring das Unterpfand ihrer Liebe war, stand sein Plan fest.

Am nächsten Abend lauerte er seinem Konkurrenten auf und erstach ihn mit einem Hirschfänger. Er zog ihm den Ring vom Finger,

streifte ihn sich selbst über und machte sich auf den Weg zur Nymphe. Ihr tischte er die Lüge auf, sein Kamerad ließe ausrichten, es wäre mit ihnen vorbei, er hätte eine andere und gäbe ihr deshalb den Ring zurück. Zunächst war diese vor Trauer vollkommen überwältigt, aber dann betrachtete sie den Ring, dessen Stein sich blutrot gefärbt hatte. Sie erschrak, denn nun erkannte sie sofort die ganze Wahrheit: Ihr Liebster war tot und vor ihr stand sein Mörder! Außer sich vor Schmerz stürzte sie sich auf den Verräter und drehte ihm kurzerhand den Hals um.

So fand man ihn am nächsten Morgen und nicht weit entfernt auch die Leiche seines Opfers. Der Brunnen verdankt dieser Bluttat seinen Namen.

Die Quellnymphe hat seitdem niemand mehr gesehen. Nur manchmal, in mondhellen Nächten, kann man sie noch über den Verlust ihres Geliebten klagen hören.

Auch diese Geschichte über Treue endete also tragisch. Deswegen wird es jetzt unbedingt Zeit für ein Beispiel mit positivem Ausgang. Und glauben Sie nur nicht, Treue bis in den Tod sei nicht mehr steigerungsfähig – weit gefehlt!

FASTRADAS RING

Fast könnte man denken, wir Frankfurter seien einfallslos, denn auch diesmal geht es wieder um einen verzauberten Ring. Dafür sind die Hauptdarsteller nun deutlich prominenter, sie sind sogar fürstlichen Geblüts!

Das Jahr 794 war für Frankfurt ein sehr bedeutendes. Bereits im Winter war Karl der Große an den Main gereist, um hier im Sommer eine wichtige Reichskirchenversammlung abzuhalten. Im Februar sorgte er dafür, dass sein Aufenthaltsort erstmals aktenkundig wurde; in einer hier verfassten Schenkungsurkunde taucht nämlich die Bezeichnung »franconofurd« auf.

Zur Entourage des Regenten gehörte selbstverständlich auch seine aktuelle Ehefrau Fastrada. (Zum besseren Verständnis sollte man an dieser Stelle kurz erwähnen, dass »Treue« in Bezug auf den Frankenkönig relativ zu verstehen ist. Über die exakte Zahl seiner Gattinnen wird in gelehrten Kreisen noch diskutiert; es waren entweder vier oder fünf. Nicht mit allen führte er eine glückliche Beziehung, zumal er meist aus politischen Gründen geheiratet hatte. War er mit einer Gemahlin unzufrieden, verstieß er sie eben wieder. So soll die eine schließlich im Kloster gelandet, die andere nach nur einem Jahr Ehe wieder zum Vater zurückgeschickt worden sein. Außerdem hatte Karl meistens noch etliche Nebenfrauen, von denen einige sogar namentlich bekannt sind.)

Doch zurück zu Fastrada, Gattin Nummer drei oder vier – je nach Zählweise. Der einundvierzigjährige Herrscher hatte sich mit der damals achtzehnjährigen Tochter des ostfränkischen Grafen Radulf 783, nur wenige Monate nach dem Tod seiner Frau Hildegard, vermählt. Mit ihrer fügsamen Vorgängerin hatte jene aber wohl nur wenig gemein. Glaubt man den Chronisten, übte die ungewöhnlich kluge junge Frau nicht die sonst übliche Zurückhaltung, sondern spielte bei Hofe eine hervorragende Rolle. Häufig wird sie als eingebildet, launisch und herrschsüchtig geschildert, weswegen sie auch unter dem Beinamen »die Ungebärdige« bekannt geworden ist. Wegen ihrer Grausamkeit soll der König sogar das berühmte Blutgericht von Verden veranlasst haben, bei dem angeblich Tausende von Sachsen hingerichtet worden sind.

Es ist fraglich, inwieweit diese Darstellungen der Wahrheit entsprechen; vielmehr könnten sie von Karls Umfeld absichtlich lanciert worden sein, um den großen Einfluss der Königin auf ihren Ehemann gleichermaßen zu erklären und einzudämmen.

Das würde jedenfalls gut zu der nun folgenden Geschichte passen:

Fastrada war schon länger kränklich, als sie im August 794 in der Frankfurter Pfalz verstarb. Als der Herrscher von einem Jagdausflug zurückkehrte, wagte es keiner seiner Höflinge, ihm die traurige Nachricht mitzuteilen, darum ging er gänzlich unvorbereitet in ihre Kammer. Nachdem er Stunden darin zugebracht hatte, sorgten sich seine Getreuen, betraten das Zimmer und sahen mit Entsetzen, dass ihr Herr die Tote liebkoste und küsste, als ob sie noch lebte. Trotz guten Zuredens vermochten sie nicht, ihn von ihrem Sterbebett zu entfernen. Tagelang blieb er treu an ihrer Seite und glaubte, dass sie nur schliefe, denn ihr Körper hatte noch nichts von seiner großen Schönheit verloren.

Der Hofstaat wusste sich bald keinen Rat mehr und schickte in der Not einen Boten zu Turpin, dem Mainzer Erzbischof. Als dieser in Frankfurt eintraf und die Szenerie unverändert vorfand, erkannte er sofort, dass hier Zauberei im Spiel sein musste, und flehte Gott um Beistand an. In der darauf folgenden Nacht hatte er einen seltsamen Traum, in dem er die tote Fastrada sah, aus deren Haar ein geheimnisvoller Ring hervorblitzte. Als er am nächsten Morgen das Sterbezimmer betrat, nahm er, von Karl unbemerkt, den Schmuck an sich. Kaum war dies geschehen, war der Bann gebrochen und der Tod gewann schlagartig Macht über Fastrada, sodass Karl sich voller Abscheu von ihrem Anblick abwandte und ihre Beerdigung im Kloster St. Alban zu Mainz veranlasste.

Die Geschichte hatte übrigens noch ein Nachspiel: Turpin konnte ja nicht ahnen, dass der Ring seine wunderbare Kraft noch nicht verloren hatte. Um ihn so sicher wie möglich zu verwahren, hängte er ihn sich selber um. Das führte dazu, dass der König nun gar nicht mehr von ihm abließ und ständig seine Nähe suchte. Der Erzbischof ahnte bald, dass dieses Verhalten mit dem Ring in Zusammenhang stand und fürchtete, was passieren würde, wenn er einmal in unrechte Hände fiele. So nutzte er die Gelegenheit, als der Herrscher und er sich einmal in Aachen aufhielten und warf ihn dort in einen kleinen See. Augenblicklich erlosch des Königs außergewöhnliche Zuneigung zu ihm und Turpin konnte sich ohne Schwierigkeiten von ihm lösen. Seit dieser Zeit, heißt es, gewann Karl der Große Aachen so lieb, dass er nicht mehr von dem Ort weichen und nach seinem Tod auch hier begraben sein wollte.

Nach Frankfurt ist er jedenfalls nie mehr zurückgekommen. Die unermessliche Trauer über den Tod Fastradas dürfte wohl kaum der Grund dafür gewesen sein, denn er heiratete noch im Herbst desselben Jahres Luitgard, von der behauptet wird, sie wäre zuvor schon seine Nebenfrau gewesen ...

Na gut, bei genauerem Hinsehen war das wohl doch kein richtig überzeugendes Beispiel für Treue über den Tod hinaus, denn schließlich ging es dabei nicht mit rechten Dingen zu.

So langsam beschleicht Sie als Leser vielleicht das Gefühl, dass das Thema »Unverbrüchliche Treue« eher im Bereich der Sagen und Legenden anzusiedeln ist. Doch gestatten Sie mir noch einen Versuch, Sie umzustimmen. In der nächsten Geschichte haben sich alle beschriebenen Begebenheiten genau so zugetragen. Versprochen.

»SAHST DU EIN GLÜCK VORÜBERGEHN«

Marie Behrends & Nikolaus Lenau

Nie soll weiter sich in's Land
Lieb' von Liebe wagen,
Als sich blühend in der Hand
Läßt die Rose tragen.

Hätte Nikolaus Lenau seine eigenen Worte doch bloß beherzigt, womöglich wäre seiner Frankfurter Braut und ihm selbst viel Leid erspart geblieben!

Die beiden ungleichen Liebenden hatten sich im Sommer 1844 in Baden-Baden kennengelernt. Nikolaus Franz Niembsch Edler von Strehlenau war zu diesem Zeitpunkt knapp zweiundvierzig Jahre alt, hatte unter seinem Pseudonym schon einige Bücher publiziert, überwiegend Gedichtbände, und damit eine gewisse Berühmtheit erreicht. Auch Susanna Maria Behrends, genannt Marie, hatte schon einiges von ihm gelesen, als sie mit ihrer Mutter in den Kurort gekommen war, um sich vom Tod des im Vorjahr verstorbenen Vaters, des Advokaten Dr. Johann Konrad Behrends, zu erholen. Zunächst sah man sich regelmäßig am Mittagstisch des »Englischen Hofes«, in dem die Damen abgestiegen waren, oder auf der Promenade, doch über höfliches Grüßen ging die Bekanntschaft nicht hinaus. Das änderte sich bei einem Konzert, das ihnen die Gelegenheit gab, ein paar unverfängliche Worte zu wechseln. Marie notierte anschließend in ihrem Tagebuch, Lenau habe kaum den Blick von ihr lassen können.

Sein Interesse überraschte und verschüchterte sie, schließlich war er ein prominenter Schriftsteller und noch dazu gut aussehend. Sein südländisches Äußeres – er hatte dunkle Haare, einen ebensolchen Schnurrbart und feurige Augen – ließ in der kleinen Stadt viele Frauenherzen höher schlagen, während sie selbst eher unscheinbar war und mit ihren zweiunddreißig Jahren schon als spätes Mädchen galt.

Doch der Schein trog. Der Dichter war damals in sehr schlechter Verfassung – guten Freunden schrieb er sogar in diesen Tagen: »Ich halte mich wirklich für ruiniert.« Er hatte bis dahin ein sehr aufreibendes und unstetes Leben geführt. Kindheit und Jugend in Ungarn waren vom frühen Tod des Vaters, der zweiten Eheschließung der Mutter und ständigen Ortswechseln geprägt gewesen. Nach dem Besuch des Gymnasiums studierte er mehr als zehn Jahre die unterschiedlichsten Fächer in den unterschiedlichsten Ländern, ohne jemals einen Abschluss zu erzielen. 1832 floh er vor der politischen »Tyrannei« in Deutschland nach Amerika, doch seine Hoffnungen auf Realisierung eines erfüllten und freien Lebens als Farmer wurden enttäuscht. Frustriert kehrte er nach einem Jahr wieder zurück. Hier hatte er sich zwar mittlerweile einen Namen als Autor erworben und war in den schwäbischen Dichterkreis um Gustav Schwab, Justinus Kerner und Ludwig Uhland aufgenommen worden, doch war mit dieser Karriere mehr Ruhm und Ehre als ein gesichertes finanzielles Auskommen verbunden.

Auch seine emotionalen Verhältnisse waren alles andere als stabil. Als junger Student hatte er in Wien eine Liaison mit Berta Hauer, der unehelichen Tochter einer Haushälterin, gehabt. Als sie von ihm ein Kind erwartete, wollte er sie zunächst heiraten, als seine schockierte Familie ihm aber davon abriet und die Vaterschaft anzweifelte, brach er mit der jungen Mutter. Aus der zweiten längeren Beziehung mit der Stuttgarterin Lotte Gmelin stahl er sich ebenfalls davon, als ihre Verwandten die Hochzeitsglocken läuten hörten.

Als er nun auf Marie Behrends traf, hatte er bereits seit über zehn Jahren eine Affäre mit Sophie von Löwenthal, Gattin des mit Lenau befreundeten Wiener Generalpostdirektors Max von Löwenthal. Die kokette Salonlöwin schmückte sich zwar gern mit der Verehrung des attraktiven Dichters, wollte aber keinesfalls dafür ihre gesicherte finanzielle Existenz an der Seite ihres Mannes oder ihre gesellschaftliche Stellung riskieren. Ein ums andere Mal hatte Lenau die verhängnisvolle Beziehung zu beenden versucht, war sogar ein Verlöbnis mit der umjubelten Sängerin Karoline Unger eingegangen, um anschließend jedoch immer umso reumütiger zu der Angebeteten zurückzukehren.

Nun war er also nach Baden-Baden gekommen, um all dies hinter sich zu lassen. In letzter Zeit war er gesundheitlich stark angegriffen gewesen. Die Fachliteratur ist sich sicher, dass er an Syphilis litt. Dazu kam seine Veranlagung zur Schwermut, die durch das Auf und Ab seines Privatlebens noch verstärkt worden war. In Maries Nähe spürte er nun erstmals eine innere Ausgeglichenheit. Beide fühlten sich in der Gesellschaft des anderen von Tag zu Tag wohler. Als ihre Abreise bevorstand, überreichte er ihr eine Sammlung seiner Gedichte mit der Widmung:

Wenn Worte dir vom Rosenmunde wehen,
Bist du so schön! – gesenkten Angesichts
Und still bist du so schön! – was soll ich flehen;
O rede mir!? O sage nichts!?
Drum laß mich zwischen beiden Himmeln schwanken,
Halb schweigend, sprechend halb, beglücke mich
Und flüstre mir, wie heimlich in Gedanken,
Das süße Wort: „Ich liebe Dich!"

Damit hatte er sie vollends gewonnen. Der liebestrunkene Poet bestand darauf, ihre Verbindung so schnell wie möglich öffentlich zu machen und auch bald zu heiraten. Wahrscheinlich sah er in Marie seine letzte Chance auf Glück und die Möglichkeit, endlich zu Ruhe und häuslicher Geborgenheit zu kommen.

Am 18. Juli 1844, nur wenige Tage nach dem Konzert, auf dem sie einander erstmals gesprochen hatten, hielt er in Frankfurt offiziell um Maries Hand an. Ihre Mutter hatte allerdings Einwände. Ihr ging die ganze Sache viel zu schnell. Konnte man wirklich sicher sein, dass ihre brave Tochter die passende Gefährtin für einen so flatterhaften Menschen wäre? Außerdem war die heikle Vermögensfrage noch zu klären, denn Maries Mitgift war nicht sonderlich hoch.

Als Lenau versprach, sich um das Finanzielle kümmern zu wollen, gab die Mutter nach. Der Dichter suchte seinen Herausgeber Johann Friedrich Cotta in Stuttgart auf und trat ihm gegen eine pauschale Abfindungssumme das immerwährende Verlagsrecht an allen bereits veröffentlichten und zukünftigen Werken ab. Somit war eine wirtschaftliche Basis für die Ehe geschaffen und im August konnte die offizielle Verlobungsfeier im Hause Behrends, An der Schönen Aussicht 10, erfolgen. Der Bräutigam schrieb überglücklich an eine Bekannte: »Über mein Leben ist ein freudiger Friede gekommen, wie ich ihn diesseits nicht mehr zu gewinnen hoffte.«

Nun galt es, nach Wien zu fahren, um die nötigen Formalitäten für die Hochzeit zu erledigen. Als er dort Sophie von Löwenthal gegenübertrat, hatte sie die Neuigkeit schon aus der Zeitung erfahren. Wenn er geglaubt hatte, sie würde sich für ihn freuen, hatte er sich getäuscht. Nicht umsonst hatte sie bislang jeden seiner Befreiungsversuche vereitelt. Auch diesmal beschwor sie ihn, von der Heirat abzulassen, und säte Zweifel in seinem Herzen. Sein übermächtiges »Zigeunernaturell« wäre zu einer dauerhaften Bindung gar nicht fähig, meinte sie und malte ihm aus, wie er in einer solch konventionellen Ehe zum Pantoffelhelden mutieren würde. Und sie brauchte auch diesmal nicht lange, um ihn schwankend zu machen. In ihrer Gegenwart verblasste das Bild seiner Braut, stattdessen wallten die intensiven Gefühle für die langjährige Geliebte wieder auf. Er entschloss sich zwar trotzdem bald zur Abreise, doch seine Hochstimmung hatte sich in tiefe Melancholie verkehrt. Als er auf dem Weg nach Frankfurt bei Freunden in Stuttgart Station machte, waren sie von der Verwandlung Lenaus verblüfft. Die Abnabelung von Sophie war wieder nicht gelungen.

Das zeigt auch das Gedicht »Blick in den Strom«, entstanden im September 1844, überdeutlich, denn hierin kommt ausschließlich der Schmerz über den Abschied von Sophie zum Ausdruck:

Sahst du ein Glück vorübergehn,
Das nie sich wiederfindet,
Ist's gut in einen Strom zu sehn,
Wo Alles wogt und schwindet.

O, starre nur hinein, hinein,
Du wirst es leichter missen,
Was dir, und soll's dein Liebstes sein,
Vom Herzen ward gerissen.

Blick' unverwandt hinab zum Fluß,
Bis deine Tränen fallen,
Und sieh durch ihren warmen Guß
Die Flut hinunterwallen.

Hinträumend wird Vergessenheit
Des Herzens Wunde schließen;
Die Seele sieht mit ihrem Leid
Sich selbst vorüberfließen.

Tatsächlich schrieb Lenau seit seiner Abreise täglich gefühlvolle Briefe nach Wien, während seine Nachrichten nach Frankfurt immer knapper und seltener wurden. Und trotzdem dachte er an manchen Tagen daran, sofort nach Frankfurt aufzubrechen, um sich in die rettenden Arme seiner herzensguten Braut zu flüchten.

Am 29. September erlitt er beim Frühstück im Freundeskreis einen Schlaganfall, der eine Gesichtslähmung zur Folge hatte. Sie ließ zwar relativ bald wieder nach, doch psychisch ging es mit dem überforderten Mann fortan immer steiler bergab. Niemand kann seine katastrophale Verfassung besser schildern als er selbst, in einem Brief an seine Verlobte vom 8. Oktober 1844, den er letztlich aber nicht abschickte: »Der Unfall, der mich getroffen gerade in der Zeit, wo ich mit den letzten Vorkehrungen zu meiner Vermählung beschäftigt war, erschien mir und erscheint mir noch immer als ein absprechendes Verhängnis, ein schauerlicher Protest des Schicksals gegen mein Glück und alle meine Anstalten dazu. Ich selbst erscheine mir wie ein vom Tode bezeichneter; er hat seine Hand an mich gelegt, wie der Förster im Walde diejenigen Bäume anhaut und zeichnet, die bald gefällt werden sollen ... So steht es um meine Seele, so um meinen Leib. O Marie, wie muß ich beklagen, daß ich den Frieden Deiner schönen und lieben Seele gestört, gebrochen habe! Nichts kann ich zu meiner Entschuldigung, nicht einmal meine redliche Absicht anführen, daß ich, Dir Liebe und Ehre weihend mein Leben lang, Dein Glück habe begründen wollen; denn der Vorwurf steht und ist nicht wegzubringen: ich hätte mich selbst besser kennen sollen.«

In der Nacht vom 12. auf den 13. Oktober kam es zum völligen geistigen und nervlichen Zusammenbruch, dem ein weiterer Anfall in der Nacht vom 15. zum 16. Oktober folgte.

In Frankfurt versetzte das Ausbleiben ihres Verlobten Marie Behrends in immer stärkere Unruhe. Als dann auch noch Post von den Stuttgarter Freunden eintraf, in der seine Erkrankung angedeutet wurde, hielt sie nichts mehr zu Hause und sie machte sich zusammen mit ihrer Mutter auf den Weg. Sie war gewillt, sowohl um die Gesundheit als auch um die Zuneigung des Geliebten zu kämpfen. Als sie allerdings in Heidelberg Zwischenstation machte, musste sie in einer Zeitung folgende Schlagzeile lesen: »Tobsuchtsanfall des Dichters Lenau! In Zwangsjacke zum Irrenhaus!« Trotzdem setzte sie ihre Reise fort. Kaum in Stuttgart angekommen, erlebte sie die Einlieferung Lenaus in die Heilanstalt von Winnental mit. Wegen seines schlechten Zustandes erhielt sie dort keine Besuchserlaubnis. Sie durfte nur aus dem Fenster der Klinik einen Blick auf den rastlos im Park umherstreifenden Patienten werfen. Anfangs wurde seine Prognose von den Ärzten recht optimistisch beurteilt. Marie ließ sich von seinen Bekannten vor Ort regelmäßig über seinen Zustand informieren. Doch nach drei Jahren in Winnental wurde Lenau als unheilbar eingestuft und auf Betreiben seines Schwagers, der in Wien ansässig war, in die nahe gelegene Irrenanstalt von Oberdöbling überführt. Mit diesem Umzug riss der Faden, der Marie über seine Freunde noch mit ihm verbunden hatte. Im österreichischen Sanatorium lebte er bis zu seinem Tod am 22. August 1850 in völliger geistiger Umnachtung. Er wurde in Weidling bei Klosterneuburg, ebenfalls in der Nähe Wiens, beigesetzt.

Obwohl die Hochzeit der beiden nie zustande gekommen war, blieb Marie Behrends ihrer großen Liebe zeitlebens treu. Sie führte in ihrer Heimatstadt ein völlig zurückgezogenes Leben, wird aber in zeitgenössischen Aussagen als sehr freundlich und keineswegs verbittert geschildert. Nach dem Tod des Dichters empfand sie sich als seine Witwe und trug fortan nur noch schwarze Kleidung. In ihrer Wohnung hing ein Porträt Lenaus, verborgen hinter einem grünseidenen Vorhang. Davor bewahrte sie hinter Glas einige getrocknete Blumen seines Grabschmucks auf.

Als sie selbst am 6. September 1889 starb, neununddreißig lange Jahre nach ihrem Geliebten, bestattete man sie im Grab der Familie auf dem Frankfurter Hauptfriedhof, zusammen mit den wenigen Briefen Lenaus, wie sie es sich gewünscht hatte.

Es fällt schwer, sich für Nikolaus Lenau eine harmonische Zukunft mit Marie vorzustellen, selbst wenn er nicht krank geworden wäre. Seine eigene Zerrissenheit und chaotische Gefühlswelt standen ihm dabei im Wege, ganz besonders seine Abhängigkeit von Sophie von Löwenthal. Diese Konstellation machte ihn zwar zu einem der größten deutschen Lyriker, verwehrte ihm aber die so sehr ersehnte Zufriedenheit. Man schreibt ihm den Ausspruch zu: »Viele suchen ihr Glück, wie sie einen Hut suchen, den sie auf dem Kopf tragen.« Dem ist nichts hinzuzufügen!

KAPITEL IV

UNERFÜLLTE LIEBE

Es gibt ein ganzes Kaleidoskop von Möglichkeiten, warum eine Liebe sich nicht erfüllt. Es können persönliche, familiäre, religiöse, finanzielle, gesellschaftliche oder politische Gründe dahinterstecken. Oft ist es auch eine Mischung aus mehreren ...

DIE VERPASSTE CHANCE

Cornelia Goethe & Arthur Lupton

Von den fünf Geschwistern Johann Wolfgang Goethes war Cornelia Friederica Christiana, geboren am 7. Dezember 1750, die Einzige, die nicht schon im Kindesalter starb. Sie wuchs zusammen mit ihrem nur etwas über ein Jahr älteren Bruder im Haus am Großen Hirschgraben auf und genoss auch lange Zeit die gleiche Bildung wie er. Das war für die damalige Zeit sehr ungewöhnlich, in der Mädchen doch vor allen Dingen auf ihre Rolle als Ehefrau und

Mutter vorbereitet werden sollten. Zunächst wurden sie vom Vater, Johann Kaspar Goethe, später von verschiedenen Hauslehrern unterrichtet. Auf dem Lehrplan standen Sprachen (Latein, Alt-Griechisch, Französisch, Englisch, Italienisch), Geschichte, Geografie, Mathematik, Religion und als besondere Schwerpunkte Musik und Literatur. Dazu übernahmen beide schon früh Hauptrollen in Kindertheateraufführungen. Und selbst die äußerst streng bemessene Freizeit verbrachten die Geschwister gemeinsam und waren unzertrennlich. In »Dichtung und Wahrheit« wird der Schriftsteller davon sprechen, dass man sie in diesen Jahren wegen ihrer tiefen innerlichen und äußerlichen Verbindung für Zwillinge hätte halten können, und nannte die Schwester einen »Magneten, der von jeher stark auf mich wirkte«.

Diese besondere Anziehungskraft übten die Geschwister auch in erotischer Hinsicht aufeinander aus. Goethe beschreibt das an gleicher Stelle zwar reichlich umständlich, aber nichtsdestoweniger eindeutig: »Jenes Interesse der Jugend, jenes Erstaunen beim Erwachen sinnlicher Triebe, die sich in geistige Formen, geistiger Bedürfnisse, die sich in sinnliche Gestalten einkleiden, alle Betrachtungen darüber, die uns eher verdüstern als aufklären, wie ein Nebel das Tal, woraus er sich emporheben will, zudeckt und nicht erhellt, manche Irrungen und Verirrungen, die daraus entspringen, teilten und bestanden die Geschwister Hand in Hand, und wurden über ihre seltsamen Zustände um desto weniger aufgeklärt, als die heilige Scheu der nahen Verwandtschaft sie, indem sie sich einander mehr nähern, ins Klare treten wollten, nur immer gewaltiger auseinander hielt.« Sie erweckten einander, so viel dürfte sicher sein, ob sie das mit letzter Konsequenz taten, wie manche Goethe-Forscher glauben, die ein inzestuöses Verhältnis annehmen, lassen wir jetzt mal dahingestellt. Es ging jedenfalls so weit, dass Cornelia froh war, als die erste Liebelei ihres Bruders zu Gretchen, von der an anderer Stelle noch kurz die Rede sein wird, beendet war. Es waren eben »Irrungen und Verirrungen«.

Für beide Geschwister bedeutete das Jahr 1765 einen tiefen Einschnitt in ihr bisheriges Leben, denn Johann Wolfgang brach im September nach Leipzig auf, um Jura zu studieren. Er tat den Schritt in die Selbständigkeit, in die Emanzipation vom Elternhaus, bei ihr trat der gegenteilige Effekt ein. Von nun an lag die ganze Konzentration des Vaters auf ihr; er okkupierte sie für den größten Teil des Tages mit seinem Bildungsprogramm und ließ ihr auch sonst kaum Freiheiten, so überwachte er ihre Freundschaften und ihre Korrespondenz. Darunter litt selbstverständlich auch der Kontakt zum Bruder; da ihre Briefe die väterliche Zensur passieren mussten, konnte sie ihm nicht schreiben, was sie bedrückte. Dazu kam, dass Johann Wolfgang sich in Leipzig allmählich veränderte. Hatte er sie anfangs noch uneingeschränkt vermisst, spielte er sich im Lauf der Zeit immer stärker als ihr Lehrmeister auf, erteilte ihr – ebenso wie der Vater – lauter Ge- und Verbote betreffs der Lektüre, ihres Umgangs usw., und befolgte sie seine Anweisungen nicht zu seiner Zufriedenheit, strafte er sie durch Nichtachtung.

Cornelia wurde immer frustrierter, je stärker sie die Entfaltung ihres Bruders miterlebte. Was nützten ihr Klugheit und erstklassige Bildung in einer Gesellschaft, in der ein Mädchen nur für Kinder, Küche, Kirche bestimmt war? Sie genügten, um im häuslichen Salon zu gefallen, boten aber weiter keine Perspektive: Als Frau durfte sie keine Universität besuchen und es war ihr praktisch unmöglich, einen Beruf zu ergreifen. Und in dieser Perspektivlosigkeit fiel ihr der Bruder neuerdings auch noch in den Rücken und verwies sie in seinen Briefen auf ihre weiblichen Pflichten und ihre untergeordnete Rolle. Er sah in ihr nicht mehr die ebenbürtige Partnerin, ihre Beziehung hatte einen Knacks erhalten. Leider war ihr in dieser Situation die Mutter, Katharina Elisabeth Goethe, auch keine große Hilfe. Sie waren charakterlich zu verschieden, als dass sie die Nöte der Tochter hätte nachvollziehen können.

Noch bevor Johann Wolfgang weggegangen war, hatten die Geschwister Arthur Lupton kennengelernt, den Sohn eines Webereibesitzers und Tuchhändlers aus Leeds. Er war 1764, mit sechzehn Jahren, nach Frankfurt gekommen, um Deutsch zu lernen. Zu diesem Zweck nahm er Privatunterricht in der Pfeilschen Pension, ganz in der Nähe des Großen Hirschgrabens, in der er auch wohnte. Goethe senior lud »Harry« in sein Haus ein, um seinen Kindern Gelegenheit zu englischer Konversation zu geben. Goethe junior hatte bald eine hohe Meinung von dem Gast: »Er war groß und wohlgebaut wie sie [Cornelia], nur noch schlanker; sein Gesicht, klein und eng beisammen, hätte wirklich hübsch sein können, wäre es durch die Blattern nicht allzusehr entstellt gewesen; sein Betragen war ruhig, bestimmt, man durfte es wohl manchmal trocken und kalt nennen; aber sein Herz war voll Güte und Liebe, seine Seele voll Edelmut und seine Neigungen so dauernd als entschieden und gelassen.« Cornelias Schilderung seiner Person klingt deutlich enthusiastischer: »Wenn Sie ihn nur kennen würden, eine so offene Physiognomie, und so sanft, obgleich eine geistreiche Miene, und lebhaft. Seine Manieren sind so entgegenkommend wie höflich, er hat eine wunderbare Geistesrichtung, kurzum er ist der charmanteste junge Mann, den ich je gesehen habe.« Diese Zeilen stammen aus dem erst 1877 entdeckten geheimen Brieftagebuch Cornelias. Niemand aus ihrer Familie wusste darum, denn sie hatte es ja gerade angelegt, um sich all das von der Seele zu schreiben, was sie keinem Familienmitglied erzählen konnte. Sie schickte die Briefe, die in französischer Sprache abgefasst sind, an ihre Wormser Freundin Katharina Fabricius. Deren Antworten sind leider nicht erhalten.

Cornelia verliebte sich sofort in Harry. Sie war vierzehn Jahre alt und sich anfangs über ihre Gefühle noch im Unklaren. Im Tagebuch heißt es erst: »Es gibt hier einen jungen Engländer, den ich sehr bewundere.« Wenig später glaubt sie, es sei »reine Hochachtung«, was sie ihm entgegenbringe. Doch nicht lange danach gesteht sie, dass sie für immer in der gleichen Stadt mit ihm wohnen wolle, um ihn täglich sehen und sprechen zu können. Und zu guter Letzt redet sie von »Liebe«. »Was sage ich? Werde ich dieses Wort auslöschen?

Nein, ich lasse es stehen, um (...) meine ganze Schwäche erkennen zu lassen.«

Für sie war es ein gutes Zeichen, dass Harry wie Samuel Richardson, der Autor ihres Lieblingsbuchs »Sir Charles Grandison«, Brite war. In diesem Briefroman tauchen ganz neue Gedanken auf – das Ideal der Gleichheit der Geschlechter, die Idee einer Ehe, die auf der Übereinstimmung von Geist und Sentiment zugleich gründet –, Gedanken, die Cornelias Hoffnungen für ihr eigenes Leben widerspiegeln. »Wenn ich glauben kann, daß es noch irgendjemanden gibt, der ihm [Richardson] ähnelt, so muß er aus dieser Nation sein.« So hoch gespannt ihre Erwartungen an Lupton waren, so wenig tat sie, um ihrer Erfüllung näher zu kommen. Goethe bemerkt sehr sachlich in »Dichtung und Wahrheit«: »Sie kannte ihn, sie schätzte ihn, und er verdiente es.« Die beiden sahen sich auch nach der Abreise des Bruders, natürlich nicht allein, aber zum Beispiel wenn eine Gruppe junger Leute einen Ausflug aufs Land unternahm. Wir wissen sogar, dass sie sich gelegentlich Briefe geschrieben haben, deren Inhalt wir nicht kennen. Von Harrys Seite scheint es wohl nicht die flammende Leidenschaft gewesen zu sein. Wahrscheinlich soll Goethes oben erwähntes Zitat, Luptons Neigungen wären »so dauernd als entschieden und gelassen« gewesen, darauf anspielen, dass er an Cornelia stetig, aber unaufgeregt interessiert gewesen war.

Ihre Gefühle für ihn waren ungleich heftiger, doch wagte sie vier lange Jahre nicht, sie ihm gegenüber zu äußern. Ein wesentlicher Grund für ihre Zurückhaltung dürfte ihre eigene »Hässlichkeit« gewesen sein, die sie sehr stark empfand. »Alles auf der Welt würde ich dafür geben, um schön zu sein (...) Ich wäre zu tadeln, wenn ich begehrte, eine große Schönheit zu sein; nur ein wenig Feinheit in den Zügen, einen glatten Teint und jene sanfte Anmut, die auf den ersten Blick entzückt; das ist alles.« Sie empfand sich als zu lang, zu dünn, die Stirn zu hoch, die Nase zu groß. Selbst der Bruder beurteilte ihre Erscheinung als »einigermaßen abstoßend«! In »Dichtung und Wahrheit« wird er präzise: »Ein schöner Körperbau begünstigte sie, nicht so die Gesichtszüge, welche, obgleich Güte, Verstand, Teilnahme deutlich genug ausdrückend, doch einer gewissen Regelmäßigkeit und Anmut ermangelten.« Erschwerend kam noch die damalige Vorliebe der Damen für eine Frisur »à la Rhinoceros«, wie Cornelia sie in ihrem Diarium bezeichnete, hinzu, bei der die Haare zu einem turmartigen Aufbau hochgesteckt wurden. Dazu noch einmal ihr Bruder: »Was ihr Gesicht aber ganz eigentlich entstellte, so daß sie manchmal wirklich häßlich aussehen konnte, war die Mode jener Zeit, welche nicht allein die Stirn entblößte, sondern auch alles tat, um sie scheinbar oder wirklich, zufällig oder vorsätzlich zu vergrößern. Da sie nun die weiblichste reingewölbteste Stirn hatte und dabei ein Paar starke schwarze Augenbrauen und vorliegende Augen, so entstand aus diesen Verhältnissen ein Kontrast, der einen jeden Fremden für den ersten Augenblick, wo nicht abstieß, doch wenigstens nicht anzog. Sie empfand es früh, und dies Gefühl ward immer peinlicher, je mehr sie in die Jahre trat, wo beide Geschlechter eine unschuldige Freude empfinden, sich wechselseitig angenehm zu werden.« Der Wunsch nach einem ansprechenden Äußeren, das sie »für das Glück des Lebens und absolut notwendig« hielt, führte zu einem Minderwertigkeitskomplex, der sich zu einer ausgewachsenen Neurose ausweitete. Der Bruder klagte von ihrem »dämonischen Mißgeschick«, das sie immer genau an *den* Tagen befiel, an denen große Festivitäten anstanden: Sie bekam just dann unreine Haut und hektische Flecken im Gesicht, wurde nervös und unsicher. Besonders schlimm wurde es, wenn Herrenbesuch ins Haus stand. Als zwei ihr bis dato unbekannte Kommilitonen Johann Wolfgangs einmal im Hirschgraben vorbeisahen, schilderte sie in ihrem Tagebuch haarklein, wie sie erst die Treppe hinunterlief, dann wieder hinauf, um sich im Spiegel zu betrachten und noch einmal das Haar zu richten, dann wieder hinunter, wieder umkehrte – insgesamt ging das nach ihrer Schätzung zwanzigmal so.

Dermaßen von ihrer optischen Unzulänglichkeit überzeugt, blieb sie in Sachen Harry so lange untätig, bis sie im Herbst 1768 eine Schreckensbotschaft aus ihrer Lethargie riss: Harry sollte in die Heimat zurückkehren. Sie überlegte kurz, sich damit abzufinden, doch dann beschloss sie: »Nein. Nein, ich kann ihn nicht völlig aufgeben«, und ergriff endlich die Initiative: Harry wurde zur Hausmusik eingeladen, bei der er Violine spielen sollte. Wie zufällig würde ein befreundeter Künstler anwesend sein, der während der Aufführung einen Schattenriss von ihm anfertigen könnte. Würde Harry erst sehen, wie sehr sie sich über sein Bild freute, würde er den Mut fassen, sich ihr zu offenbaren. Doch der sorgfältig ausgetüftelte Plan schlug fehl. Erst musste man wegen Lupton den Termin für das Konzert nach hinten verschieben, dann war dieser gezwungen, früher als geplant nach England abzureisen, wodurch es gar nicht mehr zustande kam. Stattdessen fuhr er Ende Oktober aus Frankfurt fort, ohne sich von ihr persönlich verabschiedet zu haben. Ihr war sein Verhalten unerklärlich. Wie konnte er sie so kränken, dass er sie nach vier Jahren Freundschaft einfach ohne Gruß verließ? Dem Tagebuch vertraute sie an: »Ich Unglückliche – alles ist aus. Das ist nun die Strafe für meinen Hochmut (...) Haben Sie Mitleid mit mir – Ich bin in einem erbarmungswürdigen Zustand.« Sie bezeichnet hier ihre eigentlich nur allzu berechtigte Hoffnung auf Gegenliebe nach vierjährigem Warten als »Hochmut«! Eins war klar, ihren Kummer würde sie sich nicht anmerken lassen: »Ich verhalte mich, wie es mir zukommt. Mein Herz ist unempfindlich geworden gegen alles. Nicht eine Träne. Nicht ein Seufzer!«

Am 7. Dezember 1768 findet sich in Cornelias Diarium der Eintrag: »Heute ist der Tag, an dem ich mein achtzehntes Lebensjahr vollende. Die Zeit ist vergangen wie ein Traum, und die Zukunft wird ebenso vergehen, mit dem Unterschied, daß ich Unglück erwarte, das ich noch nicht kenne.« Sie glaubte fest daran, die jüngst gemachte bittere Erfahrung wäre nur der Auftakt zu noch schlimmeren. Aus diesem Grund beendete sie auch bald darauf ihre Tagebuchaufzeichnungen.

Und sie sollte recht behalten, ihr weiteres Liebesleben verlief unglücklich. Nachdem sie, wie Johann Wolfgang später formulieren wird, »verschiedene bedeutende Anträge, aber von unbedeutenden Männern, von solchen, die sie verabscheute«, ausgeschlagen hatte, heiratete sie am 1. November 1773 den elf Jahre älteren Johann Georg Schlosser, Freund des Bruders und wie dieser Jurist, in der Zuversicht, Sympathie und ähnlich gelagerte Interessen wären eine Grundlage, auf der sich aufbauen ließe. Die Beziehung entwickelte sich aber leider anders, die Ehegatten entfremdeten sich mit der Zeit immer mehr, worauf Cornelia mit starken körperlichen und seelischen Beschwerden reagierte. Sie wurde im wahrsten Sinne des Wortes »todunglücklich« und starb kurz nach der Geburt des zweiten Kindes, am 8. Juni 1777, in Emmendingen, wo sie mit ihrer Familie lebte. Ihr Bruder verfasste wenige Wochen später die berühmten Verse:

Alles geben die Götter, die unendlichen,
Ihren Lieblingen ganz,
Alle Freuden, die unendlichen,
Alle Schmerzen, die unendlichen, ganz.

Er bezieht ihn zwar auf sich, er ist der Liebling der Götter, der unendliche Freuden und Schmerzen erlebt, aber die Ursache für seine Leiden zu diesem Zeitpunkt war das tragische Schicksal der Schwester.

LIEBE IN ZEITEN DER REVOLUTION

Annett Stoltze & Heinrich Eimer

Wir haben Anna Margaretha Stoltze, genannt Annett, bereits kennengelernt. Sie wurde am 11. September 1813 im Gasthaus »Zum Rebstock« in der Frankfurter Altstadt geboren, erfuhr im Elternhaus, wie ihr Bruder Friedrich, eine starke Politisierung und entwickelte sich schon in jungen Jahren zu einer glühenden Republikanerin.

Annett war in mehr als einer Hinsicht außergewöhnlich. Von ihrem Bruder wissen wir, dass sie »e Mädche von wahrhaft idealer Schönheit« gewesen ist, »schlank uffgeschosse wie e Dann, von untadelhaftem Wuchs un nobeler Haltung, tiefdunkle Haar, blaue Ääge, lange Wimpern, dichte, scharfgezogene Braue, en blendendweiße Teint un e Mäulche wie e erschlosse Roseknöppche«. Man kann verstehen, dass Annett der besondere Liebling ihres Vaters gewesen ist.

Ihre Eltern ermöglichten dem vielseitig begabten Mädchen eine gute Ausbildung. Sie durfte ein Institut für höhere Töchter in Mannheim besuchen. Als sie mit siebzehn Jahren aus dem vornehmen Internat zurückkehrte, hatte sie laut Aussage Friedrichs »alles gelernt, was e Berjermädche aus dem Mittelstand for die Haushaltung net brauche kann«, als da wären Sprachen, Malerei, Klavierspiel, Komposition und Gesang. »Unvergeßlich is merr ihr Stimm: es war, als wann e silwern Glock schlage dhet.« Sie sollte später sogar einige Verse ihres Bruders vertonen. Friedrich bescheinigte ihr »Talent un Geist, awwer mit eme große Hang zum Absonderliche, Extreme«. Sie wagte sich nämlich in lauter männliche Domänen vor und machte überall eine gute Figur. »Alles ungewöhnliche hat mei Schwester lebhaft ergriffe. Als noch kää äänzig Frauezimmer in ganz Frankfort draa gedacht hat, Schlittschuh zu lääfe un Schwimme zu lerne, hat mei Schwester schon längst Schlittschuh lääfe und schwimme kenne. Sie hat mit ere Sicherheit kutschiert wie e kaiserlicher Leibkutscher, un is iwwer Hecke un Gräwe gesetzt.« Dem Bruder imponierte dieser Mut ungeheuer. Am stärksten befasste sich Annett allerdings mit der Politik und wurde hier zu seinem großen Vorbild.

Annett war gerade aus dem badischen Pensionat zurückgekehrt, als die Julirevolution von 1830 die politische Stimmung in Deutschland weiter anheizte. Seit dieser Zeit engagierte sie sich besonders für verfolgte Freiheitskämpfer und wurde Mitglied verschiedener Komitees zur Unterstützung von Flüchtlingen und Gefangenen.

In den »Frankfurter Wachensturm« vom 3. April 1833 war sie vermutlich eingeweiht. An diesem Tag stürmte eine Gruppe von Studenten, Handwerkern und polnischen Offizieren die Haupt- und Konstablerwache, um die Inhaftierten zu befreien und mit dem Ruf »Freiheit und Gleichheit, Revolution!« eine Volkserhebung zum Sturz des Bundestages und zur Errichtung einer Republik anzuzetteln. Der ambitionierte Plan wurde relativ dilettantisch durchgeführt und konnte vom Militär schnell niedergeschlagen werden, zumal der Funke nicht auf die uninformierte Bevölkerung übergesprungen war. In einem späteren Verfahren sagte ein Revolutionär aus, Annett hätte am Nachmittag des Wachensturms an der Konstablerwache gestanden und »gegen das Gefängnis ... ein Zeichen dergestalt, daß sie beide Hände mit ausgespreizten Fingern in die Höhe hob, dann mit der einen Hand eine Bewegung nach dem Fenster und dann nach der Straße« gemacht. Die Behörden nahmen daraufhin an, dass sie den Inhaftierten auf diese Weise die bevorstehende Erstürmung um zehn Uhr abends andeuten wollte. Doch damit nicht genug: Auf der Beerdigung des beim Wachensturm tödlich verletzten Frankfurter Weißbindermeisters Henckelmann folgte sie dem Sarg mit einem Kranz, der mit schwarz-rot-goldenen Schleifen verziert war. Damit beging sie ein doppeltes Vergehen, denn der Leichenzug war behördlich nicht genehmigt und die öffentliche Präsentation der Farben Schwarz-Rot-Gold verboten. Ihr wurde eine Geldstrafe auferlegt.

Von nun an setzte die umtriebige Annett sich hauptsächlich für die sogenannten Aprilgefangenen ein. Sie trat einer Hilfsvereinigung bei, die diese offiziell mit Lebensmitteln versorgte, in Wirklichkeit aber ihre Befreiung vorbereitete. Dabei ging man ungeheuer kreativ vor: Es gab Kaffeekannen aus Blech mit doppelten Böden und Flaschen mit ausgehöhlten Stöpseln, in denen sich kleine Zettel verstecken ließen. Außerdem war Barbier Rensch, der die Häftlinge zwei- bis dreimal wöchentlich zu rasieren hatte, aufseiten der Verschwörer. Obwohl die Prozedur des Bartscherens jedes Mal scharf bewacht wurde, gelang es ihm, den Gefangenen die Post in den Kragen zu stecken, während diese ihre Briefchen in seinen Rockärmel gleiten ließen. Als Nikolaus Rensch später umkippte und seine Mittäterschaft gestand, gab er an, viele der geschmuggelten Notizen von Annett erhalten zu haben. Er hatte sie meist kurz überlesen und wusste daher, dass sie beispielsweise Anweisungen für bevorstehende Verhöre enthielten. Auf diese Weise hatte er auch noch ein anderes Geheimnis erfahren, dass sich nämlich zwischen Fräulein Stoltze und einem ganz bestimmten Häftling ein besonders enges Verhältnis entwickelt hatte ...

Christian Heinrich Eimer, am 21. November 1810 in Lahr geboren, war Student der Medizin an der Universität Heidelberg und Burschenschafter mit dem Spitznamen »Feuereimer«. Seit dem Wachensturm saß er im Rententurm am Mainufer ein. Rensch zufolge hatte sich der Tonfall im Briefwechsel zwischen Annett und dem Inhaftierten, der anfangs vollkommen sachlich gewesen war, im Lauf der Zeit verändert und war immer intimer geworden. Der Barbier wurde zum Postillon d'Amour. Trotzdem verlor Annett das Ziel nicht aus den Augen und heckte einen Befreiungsversuch aus. Am 1. Juli 1833 brachte sie bei einem Besuch im Rententurm einen Kirschkuchen mit eingebackener Uhrfedersäge mit ... Einfach unglaublich – wie im Comic! Verblüffenderweise wurde sie dabei ertappt. Ein Wächter war durch einen abgefangenen Zettel von ihr an Eimer vorgewarnt gewesen. Zu dem delikaten Fund im Kuchen erfand Annett aus dem Stegreif eine fantasievolle Geschichte von einem Herrn Kreischer, der ihr das Gebäck für seinen Bekannten, Herrn Eimer, übergeben, das sie ahnungslos im Gefängnis abgeliefert hätte. Der nicht existente Herr Kreischer wurde ausführlich beschrieben (Aussehen, Kleidung, Profession) und sofort schwärmte Frankfurts Polizei aus und fahndete nach dem Verdächtigen in der

ganzen Stadt – leider vergeblich. Bei der getrennt durchgeführten Vernehmung von Annett und Heinrich behaupteten beide, den Zettel niemals gesehen zu haben.

Da war unser »Engel der Gefangenen«, wie sie von den Revolutionären nur noch genannt wurde, ja nicht gerade pfiffig vorgegangen. Die nächste Aktion musste deutlich besser vorbereitet werden. Zu diesem Zweck arbeitete sie mit Eimers Vetter Ferdinand Diehl zusammen. Heinrich war mittlerweile vom Rententurm in die Konstablerwache verlegt und über die für ihn arrangierte Flucht wieder über einen Zettel Annetts informiert worden. Im November 1833 gelang es ihm auch, auf dem Weg von der Konstablerwache zum Römer, wo er erneut verhört werden sollte, zu entwischen, doch seine Bewacher fingen ihn mithilfe der Bevölkerung schnell wieder ein, die in ihm einen gemeinen Verbrecher vermutete und ihn deswegen festhielt. Annett wurde zu dem Sachverhalt mehrmals befragt und bedauerte zutiefst, zur Aufklärung nichts beitragen zu können.

Auf dem Unternehmen »Freiheit für Heinrich« lag einfach kein Segen. Nachdem auch der zweite Versuch kläglich gescheitert war, wurde der dritte am 2. Mai 1834 in Angriff genommen. Diesmal sollten gleich mehrere Häftlinge aus der Konstablerwache befreit werden. Dafür wurden keine filigranen Pläne mehr geschmiedet, sondern mehr als hundert Frankfurter Bürger und eine Kompanie Scharfschützen aufgeboten. Brachiale Gewalt führte schließlich auch zum Erfolg. Vielen Revolutionären gelang der Ausbruch, außer – nun raten Sie mal – Heinrich Eimer! Der Pechvogel schaffte es doch tatsächlich, beim Sichherablassen vom Fenstergitter seiner Zelle zu fallen und sich ein Bein zu brechen. Von nun an wurden seine Haftbedingungen deutlich verschärft.

Das Ganze hatte selbstverständlich ein Nachspiel vor Gericht. Annett, aber auch ihr Bruder und ihre Mutter, wurden immer wieder vorgeladen. Während die Familie glaubhaft versichern konnte, von nichts gewusst zu haben, lagen für Annetts Beteiligung handfeste Beweise vor. Sie hatte ihren Kopf so oft aus der Schlinge ziehen können, nun hatte sie ihr Glück überstrapaziert. Wegen erwiesener Konspiration und Beihilfe zu verschiedenen Gefangenenbefreiungen und Fluchtversuchen wurde sie im November 1834 zu vier Wochen Arrest verurteilt. Die Strafe fiel ausgesprochen milde aus, bedenkt man ihre Vergehen und die Radikalität der damaligen Justiz. Vermutlich hatte der leitende Untersuchungsrichter Johann Gerhard Christian Thomas, der Schwiegersohn Marianne von Willemers, auf

Bitten Mariannes, die eine Gönnerin Friedrich Stoltzes war, Annett vor Schlimmerem bewahrt. In der Urteilsbegründung hielt man ihr vor allem die idealistischen Motive ihres Handelns zugute.

Die junge Frau konnte die Haft zunächst nicht antreten, weil sie sich in schlechter körperlicher Verfassung befand. Daran waren der noch nicht lange zurückliegende Tod ihres Vaters, die zermürbende Gerichtsverhandlung und ... ihre Schwangerschaft schuld! Sie hatte sich während des letzten Befreiungsversuchs in einen Mitstreiter verliebt, der sich jedoch sehr bald abgesetzt und sie im Stich gelassen hatte. Seinen Namen verriet sie nie. Böse Zungen behaupteten schon damals, der wirkliche Kindsvater wäre Heinrich Eimer gewesen, aber da die beiden sich niemals persönlich begegnet waren, hätte es dazu schon der unbefleckten Empfängnis bedurft. Nach der Geburt ihres Sohnes Friedrich Philipp am 12. Dezember 1834 und einigen Monaten Rekonvaleszenz verbüßte sie die Strafe im August und September 1835 im Rententurm, vermutlich in der gleichen Zelle, in der auch Eimer inhaftiert gewesen war. Von den Strapazen dieser ereignisreichen Jahre erholte sie sich niemals wieder richtig. Sie starb nach längerer Krankheit am 17. November 1840, nur siebenundzwanzig Jahre alt.

Lange nach ihrem Tod veröffentlichte der Bruder Friedrich, der sie so sehr verehrt hatte, ein Huldigungsblatt, auf dem sie wie eine Märtyrerin als Gefangene im Rententurm abgebildet ist, und verfasste dazu das Gedicht »Dritter April Achtzehnhundertdreiunddreißig«:

Im Thurme hinterm goth'schen Erker,
So stark vergittert ganz und gar,
Saß eine Taube in dem Kerker,
Weil sie gedacht wie ein Aar.

Gefangen hinter Eisenstäben,
Stand eine Rose manchen Tag,
Weil in dem lieben Blumenleben
Das Rauschen einer Eiche lag.

Heinrich Eimer hatte ein gnädigeres Los als Annett: Er wurde auf sein Verlangen hin auf die badische Festung Kislau verlegt und 1838 begnadigt. Er erhielt die Erlaubnis zur Auswanderung nach Amerika, bekam aber schon auf dem Schiff Heimweh und fuhr mit dem Lotsen wieder zurück an Land. Man weiß von ihm, dass er in späterer Zeit als Arzt in Freiburg im Breisgau praktizierte und seine Erinnerungen an den Frankfurter Wachensturm und die Gefangenschaft veröffentlichte. Fräulein Stoltze wird darin nur in ihrer Funktion als zuverlässige Helferin erwähnt.

Während Annett Stoltze und Heinrich Eimer keinerlei Gemeinsamkeit vergönnt war, lebten die nächsten beiden Paare sogar für längere Zeit unter einem Dach. Glücklicher sind sie dadurch aber auch nicht geworden ...

»DIE LEIDENSCHAFT DER HÖCHSTEN LIEBE«

Susette Gontard & Friedrich Hölderlin

Es war der 9. Juli 1786. Susette Borkenstein, siebzehn Jahre alt, befand sich auf dem Weg zu ihrer Trauung von Hamburg nach Altona. Da kam ihrer Kutsche ein Leichenzug entgegen. Die Braut wertete das als schlechtes Omen und brach in Tränen aus. Nur durch gutes Zureden eines Freundes konnte sie dazu bewegt werden, die Hochzeit nicht platzen zu lassen. Aus heutiger Sicht wäre es vielleicht besser gewesen, man hätte auf ihre Ahnungen vertraut.

Andere Zeit, anderer Ort: Januar 1796. Frankfurt. Das Haus »Zum weißen Hirsch« am Großen Hirschgraben 3, ein vornehmes Gebäude mit aufwendiger Gartenanlage. Heute befindet sich hier das renommierte Hotel »Frankfurter Hof«.

Susette, die Hamburger Kaufmannstochter, lebte hier seit ihrer Verehelichung mit dem fünf Jahre älteren Frankfurter Bankier Jakob Friedrich Gontard. Es war ein Leben, dem es an nichts zu mangeln schien. Die Familie war vermögend und gesellschaftlich etabliert, vier Kinder, kurz hintereinander geboren, rundeten das Bild der perfekten Familie ab.

Endlich trat der neue Hofmeister seinen Dienst an. »Hofmeister« nannte man damals die Pädagogen, die Erzieher und Lehrer in einer Person waren. Das öffentliche Schulwesen war noch nicht sehr weit entwickelt, sodass alle, die es sich leisten konnten, ihre Kinder lieber zu Hause unterrichten ließen. Friedrich Hölderlin war zunächst für den ältesten Sohn Heinrich, von allen nur »Henry« gerufen, engagiert worden; später befasste er sich auch mit dessen drei jüngeren Schwestern. Dafür bekam er ein Jahresgehalt von vierhundert Gulden bei freier Kost und Logis im »Hirschen«. Das war ein beachtliches Salär, denn er brauchte nur vormittags zu arbeiten, der Rest des Tages stand zu seiner freien Verfügung.

Johann Christian Friedrich Hölderlin, geboren am 20. März 1770 in Lauffen am Neckar, hatte aus Familientradition in Tübingen evangelische Theologie studiert, um Pfarrer zu werden. Ihm selbst war sehr schnell klar geworden, dass das nicht seine eigentliche Berufung war, und das blieb auch den damaligen Entscheidungsträgern nicht verborgen, die ihm zwar Talent und Fleiß attestierten, ansonsten aber die »sehr kranke Tätigkeit seiner Phantasie« bemängelten, die ihn für Kirchengeschäfte unbrauchbar machte, dafür aber umso brauchbarer für die Poesie. 1791 veröffentlichte er seine ersten Gedichte. Da die Mittel seiner Familie aber begrenzt waren, entschied er sich für den Beruf des Hauslehrers, der ihm die Möglichkeit bot, seinen Lebensunterhalt verdienen und sich gleichzeitig der Schriftstellerei widmen zu können. Über die Zwischenstation Waltershausen war er so nach Frankfurt gekommen.

An jedem Ort, an dem er bis dato gewesen war, hatte er ein gebrochenes Herz zurückgelassen. Auf der Klosterschule in Maulbronn verliebte er sich in die Tochter des Schulverwalters, Luise Nast. Als er nach Tübingen übersiedelte, schickte er ihr jahrelang inbrünstige Treueschwüre, um sie 1790 in einem sachlichen Absagebrief davon in Kenntnis zu setzen, dass er keine gemeinsame Perspektive mehr sähe. Vielleicht lag das ja an Elise Lebret, die immerhin

auch die Tochter des Tübinger Universitätsdekans war. Sie hielt seine romantischen Träumereien für ein Eheversprechen und sollte noch geduldig auf ihn warten, als er bereits in Frankfurt ansässig war. Auf dem Landsitz der Familie von Kalb in Waltershausen wurde während Hölderlins Zeit als Hofmeister die von ihm sehr verehrte Gesellschafterin Charlotte von Kalbs, Wilhelmine Kirms, schwanger. Als unehelicher Vater käme aber neben unserem Dichter auch noch der Major, der Pfarrer oder der Gärtner infrage.

Dieses Vorleben Friedrichs kannte Susette sicherlich nicht, dafür aber einige seiner frühen Gedichte, die ihr sehr gefielen. Wahrscheinlich war sie es, die für seine Anstellung sorgte. Und er erfüllte die in ihn gesetzten Erwartungen. Henry, aber auch die Mädchen, hingen schon nach kurzer Zeit sehr an ihm. Er selbst fand auch, dass er es gut getroffen hatte. Die neue Umgebung behagte ihm. Noch im Januar 1796 schrieb er an den Freund Christian Neuffer: »Ich lebe, wie es scheint, unter sehr guten und wirklich, nach Verhältniß, seltnen Menschen.« Das mag so gewesen sein, aber zumindest einer dieser Menschen war damals nicht sonderlich glücklich. Susette fühlte in ihrer Ehe eine große Leere. Jakob arbeitete viel und war entsprechend wenig zu Hause. Damit verschaffte er ihr zwar ein luxuriöses Leben, teilte es aber nicht mit ihr. Haushaltsführung, Kinderbetreuung und Repräsentationspflichten füllten sie nicht aus. Sie begeisterte sich für die Künste. Wie der neue Hauslehrer. Mit ihm verstand sie sich immer besser. Man musizierte gemeinsam, er las ihr aus seinen Texten vor, man unterhielt sich auf ausgedehnten Spaziergängen über dies und das. In der ersten Zeit war ihre Beziehung vermutlich noch völlig harmlos. Allerdings waren die äußerlichen Reize Susettes mindestens so groß wie ihre inneren Qualitäten. Selbst nüchterne Männer rühmten ihre vollkommene Schönheit – sie hatte schwarze Haare, dunkle Augen und einen ganz hellen Teint, der sie sehr zerbrechlich aussehen ließ – und ihre große Liebenswürdigkeit. So kann es nicht lange gedauert haben, bis es zwischen beiden knisterte. Bereits im Juni konnte sich Friedrich vor Enthusiasmus für seine Arbeitgeberin gar nicht mehr bremsen und brachte Neuffer auf den aktuellen Stand: »Lieber Freund! es gibt ein Wesen auf der Welt, woran mein Geist Jahrtausende verweilen kann und wird (...) Lieblichkeit und Hoheit, und Ruh und Leben, und Geist und Gemüt und Gestalt ist Ein seliges Eins in diesem Wesen. Du kannst mir glauben, auf mein Wort, daß selten so etwas geahndet, und schwerlich wieder gefunden wird in dieser Welt.«

Die ganze Sache nahm Fahrt auf, als Jakob Gontard im Sommer 1796 beschloss, seine Familie vor der heranrückenden französischen Armee in Sicherheit bringen zu lassen. Während er in Frankfurt blieb, weil er seine Geschäfte nicht im Stich lassen wollte, brachen Susette, die Kinder und ein Teil des Personals, darunter auch der Hofmeister, Richtung Norden auf. Die Monate Juli und September verbrachte die kleine Reisegesellschaft in Kassel, den überwiegenden Teil des Augusts in Bad Driburg und kehrte im Oktober in die Heimat zurück, nachdem sich die Franzosen wieder vollständig aus dem Gebiet um Frankfurt zurückgezogen hatten. Nach dieser »vorsorglichen Flucht«, wenn auch unter denkbar angenehmsten Umständen erfolgt, war nichts mehr wie zuvor. Aus »Herrn Hölderlin« war für alle der »Hölder« geworden; das war sein Spitzname aus Kindertagen. Bei Susette verlor sich, wenn sie allein waren, auch noch der Umlaut: »Holder«, der Holde. Ihre Verbindung hatte sich in den Monaten fernab von Alltag und Konventionen vertieft. Wie sehr, weiß niemand zu sagen. Hat Susette damals die Ehe gebrochen? In der Fantasie bestimmt. Ausgiebig. Selbst wenn es zwischen ihnen nicht zum »Äußersten« gekommen sein mag, überschritt die gegenseitige Zuneigung auf jeden Fall die Grenze dessen, was erlaubt war. Oder wie würden Sie die folgenden Verse Hölderlins interpretieren?

Ich habe Dich gefunden
Schöner als ich ahnend sah
In der Liebe reine Stunden
Hohe! Gute! Bist Du da.

Diese Zeilen sind an Diotima gerichtet. »Die Hohepriesterin« ist ursprünglich eine Figur Platons, eine griechische Seherin, die in dem Dialog »Symposion« Sokrates in das Wesen des Eros einführt. Nach ihr benannte Hölderlin nun seine geliebte Susette und überarbeitete dementsprechend sein Manuskript des »Hyperion oder Der Eremit in Griechenland«, das er bereits 1792 begonnen hatte. In diesem Briefroman berichtet Hyperion dem Freund Bellarmin in der Rückschau von seinem Leben, in dem er am Befreiungskrieg der Griechen gegen die Türken teilgenommen hat. Die äußere Handlung ist hier gegenüber der inneren Haltung des Titelhelden allerdings nur von untergeordneter Bedeutung. Im Mittelpunkt stehen die Utopie einer neuen freien Gesellschaft und die Liebe zu Diotima, der idealen Frau, die alle Vorzüge ihres Geschlechts in sich vereint. In der ersten Fassung war ihr Name noch »Melite« gewesen. Susette wurde von Hölderlin zur Diotima stilisiert und fand an der neuen Rolle als Dichtermuse schnell Gefallen. Sie gab ihrem Leben genau den Inhalt, nach dem sie schon so lange gesucht hatte; umgekehrt inspirierte sie ihn nicht nur, sondern motivierte ihn auch durch ihre Hochachtung für sein Können. Es war eine symbiotische Beziehung, die sich als außerordentlich produktiv erweisen sollte. Der »Hyperion« erschien in

zwei Teilen in den Jahren 1797 und 1799 und erfuhr große literarische Anerkennung. Der Autor schrieb in Susettes Exemplar des zweiten Bandes: »Wem sonst als Dir?«

Das Jahr nach der Rückkehr aus Nordhessen war für die beiden Liebenden sicherlich die glücklichste Zeit ihres Lebens, doch ab dem Sommer 1797 wurde die Situation im Hause Gontard immer schwieriger. Lange hatte Jakob die Veränderungen an seiner Frau gar nicht bemerkt beziehungsweise sich arglos darüber gefreut, dass sie ausgeglichener als früher zu sein schien. Doch auf Dauer blieb ihm natürlich nicht verborgen, was sich da in seinen vier Wänden abspielte. Anfangs baute er darauf, dass sich die Gemüter bald wieder beruhigen würden, und versuchte bloß, den äußeren Schein aufrechtzuerhalten. Als die Ehekrise aber zum Thema des Frankfurter Gesellschaftsklatsches wurde, war es mit seiner Geduld vorbei. Er musste diesen Emporkömmling unbedingt in die Schranken weisen. Also nutzte er jede Gelegenheit, ihn vor den Augen seiner Frau herabzusetzen, indem er ihn wie jeden x-beliebigen Domestiken behandelte, gern auch vor möglichst vielen Zeugen. Im November 1797 stöhnte Hölderlin im Brief an seine Mutter: »Dieses Jahr haben wir fast beständig Besuche, Feste und Gott weiß! was alles gehabt, wo dann freilich meine Wenigkeit am schlimmsten wegkommt, weil der Hofmeister besonders in Frankfurt überall das fünfte Rad am Wagen ist, und doch der Schicklichkeit wegen muß dabei sein.« Er ärgerte sich über die arrogante Einstellung der meisten Frankfurter gegenüber seiner Person. Sie sahen nicht den mittlerweile recht erfolgreichen Dichter, sondern nur den vermeintlich subordinierten Dienstboten in ihm. In einem Brief an seine Schwester vom Frühjahr 1798 heißt es: »Hier z. B. siehst Du, wenige echte Menschen ausgenommen, lauter ungeheure Karikaturen. Bei den meisten wirkt der Reichtum wie bei Bauern neuer Wein; denn gerad so läppisch, schwindlig, grob und übermütig sind sie.« Die Kränkungen Gontards ihm gegenüber nahmen immer weiter zu. Friedrich ertrug sie um Susettes willen. Im September 1798 kam es schließlich zum Eklat. Die Nerven beider Männer hatten schon lange blank gelegen. Nun entlud sich mit einem Mal die ganze Anspannung in einem heftigen Streit. Auf Anraten Susettes verließ Hölderlin im Anschluss sofort das Haus.

Es gibt keine Zeugenberichte über den Verlauf der Auseinandersetzung. Der Frankfurter Buchhändler Carl Jügel, ein Freund der Fa-

milie, will aber aus zuverlässiger Quelle erfahren haben, wie es sich abgespielt hat: Als Gontard eines Abends von der Arbeit nach Hause kam und die übliche Frage nach seiner Gattin stellte, antwortete die Haushälterin mit vielsagendem Unterton in der Stimme: »Herr Hölderlin liest vor.« Daraufhin stürmte Jakob mit dem Aufschrei »Sitzt denn der Mensch beständig bei meiner Frau?« in ihr Zimmer und legte eine Riesenszene hin. Um noch Schlimmerem vorzubeugen, zog der Dichter danach sofort aus.

Wie auch immer sich alles zugetragen hat, Hölderlin flüchtete im Anschluss nach Homburg, zu Isaac von Sinclair. Sein Freund, der in Diensten des Landgrafen von Hessen-Homburg stand, besorgte ihm dort eine Wohnung. Hier verbrachte er die nächsten zwei Jahre. Seine finanzielle Situation war nicht einfach, er lebte hauptsächlich von den Zuwendungen seiner Mutter, sein schon in Frankfurt angegriffener Gesundheitszustand verschlimmerte sich und in emotionaler Hinsicht war er ein Wrack. Er litt unsagbar unter der Trennung. Im »Hyperion« beschreibt der Held eigentlich die Verzweiflung seines Autors: »O ich wär ein glücklicher, ein trefflicher Mensch geworden mit ihr! Mit ihr! aber das ist mißlungen, und nun irr ich herum in dem, was vor und in mir ist, und drüber hinaus, und weiß nicht, was ich machen soll aus mir und andern Dingen.« Nicht nur im zweiten Teil seines Romans gelang es ihm, seine Affekte in Poesie umzuwandeln und fruchtbar werden zu lassen. In Homburg verfasste er auch zahlreiche Hymnen und Oden, die zu dem besten zählen, was er je geschrieben hat; manche Literaturhistoriker meinen sogar, er habe damals »die deutsche Ode auf ihren höchsten Stand gebracht«. Ein besonders schönes Beispiel ist das Gedicht »Götter wandelten einst«:

Götter wandelten einst bei Menschen, die herrlichen Musen
Und der Jüngling, Apoll, heilend, begeisternd wie du.
Und du bist mir, wie sie, als hätte der Seligen Einer
Mich ins Leben gesandt, geh ich, es wandelt das Bild
Meiner Heldin mit mir, wo ich duld und bilde, mit Liebe
Bis in den Tod, denn dies lernt ich und hab ich von ihr.

Laß uns leben, o du, mit der ich leide, mit der ich
Innig und glaubig und treu ringe nach schönerer Zeit.
Sind doch wirs! und wüßten sie noch in kommenden Jahren
Von uns beiden, wenn einst wieder der Genius gilt,
Sprächen sie: es schufen sich einst die Einsamen liebend
Nur von Göttern gekannt ihre geheimere Welt.

Denn die Sterbliches nur besorgt, es empfangt sie die Erde,
Aber näher zum Licht wandern, zum Aether hinauf
Sie, die inniger Liebe treu, und göttlichem Geiste
Hoffend und duldend und still über das Schicksal gesiegt.

Hölderlin war fort. Und weil er von Gontard striktes Hausverbot erhalten hatte, setzte er nie wieder einen Fuß in den »Weißen Hirsch«. Die Kinder durften den Namen ihres Lehrers nicht mehr laut aussprechen. Es wurde einfach so getan, als hätte es ihn nie gegeben. Jakob verwöhnte von nun an seine Frau, versuchte, sie mit Geschenken und kleinen Aufmerksamkeiten aufzuheitern, doch sie wies ihn verbittert zurück. »Von dem, der das Herz meines Herzens nicht schont, muß die kleinste Gefälligkeit anzunehmen mir wie Gift sein.« Doch auch sie spornten die Umstände zu schriftlichen Meisterwerken an. Obwohl Jakob es ihr untersagt hatte, nahm sie schon kurz nach dem Streit Kontakt mit dem schmerzlich Vermissten auf: »Ich muß Dir schreiben, Lieber! Mein Herz hält das Schweigen gegen Dich nicht länger aus. Nur noch einmal laß meine Empfindung sprechen von Dir, dann will ich, wenn Du es besser findest, gerne, gerne still sein. Wie ist nun, seit Du fort bist, um und in mir alles so öde und leer, es ist, als hätte mein Leben alle Bedeutung verloren, nur im Schmerz fühl ich es noch.« Mit diesen Zeilen begann ein

Schriftwechsel, von dem uns leider nur Susettes Briefe vorliegen; siebzehn davon haben die Zeit überdauert und zeichnen in beeindruckender Form ihre wechselnden Gefühlslagen nach. Von Hölderlin gibt es leider nur noch wenige Briefentwürfe. Die Originale, die Susette alle sorgsam verwahrt hatte und die in ihrem Nachlass auftauchten, verschwanden später auf wundersame Weise. Um die weiterhin bestehende Beziehung geheim zu halten, bedurfte es äußerster Sorgfalt. Es wäre viel zu gefährlich gewesen, die Nachrichten per Boten oder eingeweihte Mittelsmänner überbringen zu lassen. Darum richteten sich die beiden einen toten Briefkasten ein. Die Familie Gontard hatte in jener Zeit den Adlerflychthof, ein großes Gut am Oeder Weg, an das heute nur noch ein Straßenname erinnert, als Sommersitz gemietet. Die dortige »niedrige Hecke nahe bei den Pappeln« wurde zum Versteck für den Schriftverkehr. Jeden ersten Donnerstag im Monat wanderte Hölderlin die weite Strecke von Homburg zum Adlerflychthof, deponierte seine Post und nahm die ihre mit. Susette versuchte, so oft wie möglich persönlich anwesend zu sein und sich ihm am Fenster des Hauses zu zeigen. Aus Furcht vor Entdeckung sprachen sich die beiden nur wenige Male und auch dann nur für ein paar Minuten. Aber das Arrangement bewährte sich anderthalb Jahre lang.

Anfangs beschwor Susette hauptsächlich die Intensität ihrer beider Empfindungen: »So lieben wie ich Dich, wird Dich nichts mehr, so lieben wie Du mich, wirst Du nichts mehr.« Je länger die Trennung dauerte, desto mehr vermisste sie Friedrich und flüchtete sie sich in Träumereien: »Wir waren beisammen, ganz ohne Angst, mit leichtem Herzen, und meine Augen freuten sich, in den Deinen zu ruhn (...) Nachher aber wußte ich nicht, wie mir war. Ich fühlte es lebhaft, daß ohne Dich mein Leben hinwelkt und langsam stirbt.« Ihre Hoffnung auf einen glücklichen Ausgang schwand immer mehr, sogar der gemeinsame Suizid schien ihr nun erstrebenswert: »Die Leidenschaft der höchsten Liebe findet wohl auf Erden ihre Befriedigung nie. Fühle mit mir: diese suchen, wäre Torheit. (...) Miteinander sterben! – Doch still, es klingt wie Schwärmerei, und ist doch so wahr. (...) Und ich weiß es, der Schmerz wird uns nur besser machen und uns inniger verbinden.« Den gleichen Gefühlsverlauf finden wir bei Hölderlin. Gedachte er zunächst vergangener Zeiten, »Erinnerst Du Dich unserer ungestörten Stunden, wo wir und nur wir umeinander waren? Das war Triumph! beede so frei und stolz und wach und blühend und glänzend an Seel und Herz und Auge und Angesicht, und beede so in himmlischem Frieden nebeneinander!«, klagte er zuletzt darüber, was aus ihnen geworden war und wohl bald werden würde: »Es ist wohl der Tränen alle wert, die wir seit Jahren geweint, daß wir die Freude nicht haben sollten, die wir uns geben können, aber es ist himmelschreiend, wenn wir denken müssen, daß wir beide mit unsern besten Kräften vielleicht vergehen müssen, weil wir uns fehlen (...) Dieser ewige Kampf und Widerspruch im Innern, der muß Dich freilich langsam töten, und wenn kein Gott ihn da besänftigen kann, so hab ich keine Wahl, als zu verkümmern über Dir und mir.«

Ihr letzter Brief datiert vom 8. Mai 1800. Darin verabschiedete sie sich: »Leb wohl! Leb wohl! Der Segen des Himmels sei mit Dir.« Hölderlin hatte sich auf Druck seiner Familie entschlossen, nach Nürtingen heimzukehren. Beiden war klar geworden, dass in ihrer Situation der Glaube an eine gemeinsame Zukunft unrealistisch war. Hölderlin hätte nicht die Mittel gehabt, für sie beide zu sorgen, mal ganz abgesehen von der gesellschaftlichen Ächtung, der beide nach einer Trennung Susettes von ihrem Gemahl ausgesetzt gewesen wären.

Wie es die junge Frau vorausgesagt hatte, welkte ihr Leben ohne den Geliebten dahin. Ob sie wirklich Schwindsucht hatte, wie immer wieder kolportiert wird, ist nicht bewiesen. In jedem Fall erkrankte sie im Winter 1801/02 an Lungenentzündung. Davon kaum genesen, steckte sie sich an den Röteln ihrer Kinder an und starb am 22. Juni 1802. Sie wurde nur dreiunddreißig Jahre alt.

In Frankfurt gab man dem ehemaligen Hofmeister die Schuld an diesem frühen Tod; alle Sympathien lagen bei Gontard, der sich zutiefst erschüttert zeigte. In der Hölderlin-Literatur wurde er früher meist als Ekel dargestellt, als egoistischer, cholerischer, aufs Geld bedachter Workaholic. Dazu passt sein Wahlspruch, der »Les affaires avant tout« (»Die Geschäfte zuerst«) lautete. Inzwischen liegen Briefe von Bekannten der Familie vor, die zu einer anderen Einschätzung seiner Person Anlass geben. Jakob liebte seine Familie sehr, doch

Heim und Herd waren nicht seine Welt. So pflegte er bei Erwähnung der Kinder zum Beispiel immer zu sagen: »Den Börsenkurs verstehe ich aufs Haar, aber wie die Kinder geleitet werden sollen oder was sie lernen sollen; das ist nicht meine Sache.«

Genauso erging es ihm mit seiner Frau. Ihre Gefühle und ihre Interessen waren ihm fremd, es waren nicht die seinen. Und für dieses Paar galt leider nicht die alte Redewendung: »Gegensätze ziehen sich an.«

Friedrich Hölderlin erfuhr vom Tod seiner Diotima nach seiner Rückkehr aus Bordeaux, wo er erneut für einige Monate als Hauslehrer gearbeitet hatte. Er hielt sich bei Freunden in Stuttgart auf, als Sinclairs Brief eintraf, in dem er versuchte, ihm die Nachricht so schonend wie möglich beizubringen: »Der edle Gegenstand deiner Liebe ist nicht mehr, aber er war doch dein.« Er war schon vorher in sehr zerrüttetem Zustand gewesen, doch jetzt stürzte er in eine tiefe Krise. Sinclair besorgte ihm zwar 1804 eine Anstellung als Hofbibliothekar und eine Wohnung in der Neugasse (heute Hölderlin-Haus in der Dorotheenstraße) in Homburg, doch diese gesicherte Existenz konnte seinen geistigen Verfall nur verlangsamen, nicht aufhalten. Am 11. September 1806 wurde er in eine Tübinger Nervenklinik gebracht. Von dort aus kam er 1807 in die Obhut des Tischlermeisters Zimmer in Tübingen. Dort lebte er in einem umgebauten Stadtturm oberhalb des Neckars (heute Hölderlin-Turm) bis zu seinem Tod mit dreiundsiebzig Jahren am 7. Juni 1843.

Friedrich Hölderlin und Susette Gontard – ein Paar, das nicht mit- und nicht ohneeinander leben konnte. Da kann man sich Susettes Seufzer nur anschließen: »Welch eine schwere Kunst ist die Liebe! wer kann sie verstehen? und wer muß ihr nicht folgen?«

Johanna Kessler & Wilhelm Busch

Auch in unserem nächsten Fall, siebzig Jahre später, gibt es eine Dreieckskonstellation. Wieder ist der Hausherr Bankier, wieder ist seine charmante Gattin den Musen zugeneigt und wieder spielt der Hofmeister eine nicht unwesentliche Rolle; aber keine Angst, für Abwechslung ist trotzdem gesorgt.

Im Sommer 1867 legte der fünfunddreißigjährige Heinrich Christian Wilhelm Busch auf der Durchreise einen kurzen Zwischenstopp bei seinem neun Jahre jüngeren Bruder Otto in Frankfurt ein. Er wollte sehen, wie es ihm in seinem Job als Hauslehrer bei der Familie Kessler erging.

Wilhelm Busch war damals noch nicht zum Klassiker deutschen Humors avanciert, aber auf dem besten Wege dazu. Nachdem er das Maschinenbaustudium, zu dem ihn der Vater genötigt hatte, aus Desinteresse abgebrochen hatte, verfolgte er sein eigentliches Berufsziel: Er wollte Kunstmaler werden. Dazu hatte er die Akademien in Düsseldorf, Antwerpen und München besucht. Gerade die Bekanntschaft mit den niederländischen Meistern des 17. Jahrhunderts ließ ihn aber an seiner Befähigung zweifeln; sie erschienen ihm unerreichbar. Dafür hatte sich für ihn in München eine andere Tür aufgetan. Dort hatte er, mehr oder weniger aus

Jux und Dollerei, ein paar Karikaturen gezeichnet, die es ihm nun ermöglichten, sein Geld als Illustrator für Caspar Brauns berühmte »Fliegende Blätter« zu verdienen. Aus unkommentierten Darstellungen waren im Lauf der Zeit kleine Bildergeschichten geworden. Die erste längere, »Max und Moritz«, war zwar bereits vor zwei Jahren erschienen, begann aber erst jetzt ihren Siegeszug durch Deutschland.

Da Wilhelm Busch im Hause Kessler mit großer Herzlichkeit aufgenommen worden war, blieb es nicht bei dieser einen Stippvisite. Im darauf folgenden Jahr fand er sich erneut im Frankfurter Westend ein. Kesslers bewohnten dort, im Winkel von Bockenheimer Landstraße und Wiesenau, eine hochherrschaftliche Villa inmitten eines riesigen Parks. Leider wurde sie 1958 abgebrochen; heute steht hier ein Steakhaus. Neben Fotos haben wir noch eine andere Quelle, die uns eine Vorstellung von ihrem Aussehen vermittelt. Sie bildet nämlich die Kulisse für eine Szene aus der »Frommen Helene«. Im zehnten Kapitel ist das neoklassizistische Haus mit seinem von Säulen getragenen Balkon gut zu erkennen.

Busch freundete sich mit der Familie an, allen voran mit der Dame des Hauses, der ein Jahr älteren Johanna geborene Kolligs. Sie hatte ein weites Herz für Künstler, zeigte sich ihnen gegenüber sehr spendabel und sammelte ihre Werke. Sie konnte sich diese Großzügigkeit leisten, weil ihr neunzehn Jahre älterer Mann, Johann Daniel Heinrich Kessler, als Bankier über die entsprechenden Mittel verfügte. Die beiden hatten acht Kinder. Wilhelm Busch verstand sich zeitlebens gut auf den Umgang mit Kindern, aber die zwei jüngsten Töchter Ferdinanda, von allen nur »Nanda« gerufen, und Letitia, Spitzname »Letty«, damals zehn und acht Jahre alt, wurden seine erklärten Lieblinge. Die Mutter und die beiden Töchter nannte er

Seite 84, Kapitel IV

bald kurz und prägnant »Eins, Zwei, Drei« und hatte damit auch ganz nebenbei seine Prioritäten in dieser Familie verraten. Weil seine Aufenthalte in Frankfurt von Mal zu Mal länger währten und die Abstände dazwischen immer kürzer wurden, richtete Wilhelm Busch sich im Herbst 1868 dauerhaft bei den Kesslers ein. Bis 1872 war die Stadt am Main nun sein Lebensmittelpunkt. Er bezog in der Villa ein Fremdenzimmer und mietete dazu noch ein Atelier im nahe gelegenen Kettenhofweg 44a. 1871 erhielt er einen kompletten eigenen Hausstand, Köchin inklusive, im ehemaligen Kutscherhaus auf dem Kessler'schen Anwesen. Für sämtliche Ausgaben kam, ohne zu klagen, Herr Kessler auf.

Busch fühlte sich – wen wundert's – hier rundum wohl. Als er für kurze Zeit nicht in Frankfurt weilte, schrieb er an Johanna: »Wie gern gedenke ich der niedlichen Waldwiese in Ihrem Garten, der schönen Bäume, über denen das Haus hervorschaut, der verschlungenen Wege und wie Sie wohl selber drin umhergehn, und der freundlichen Kindergestalten, und all des Guten und all des Wohlwollens, welches mir bei Ihnen zuteil wurde.« Ja, ihm wurde hier wirklich eine Menge zuteil, nicht nur materielle, sondern auch ideelle Unterstützung. Johanna wurde seine spezielle Muse und förderte ihn mit aller Macht. Allerdings sah sie in ihm vor allem den vielversprechenden seriösen Maler, weniger den begnadeten Zeichner und animierte ihn deswegen ständig zur Anfertigung von Ölbildern. Um sie nicht zu enttäuschen, beugte sich Busch ihrem Willen. Einige seiner in dieser Zeit entstandenen Gemälde befinden sich heute als Vermächtnis der Kesslers im Städelschen Kunstinstitut, größtenteils allerdings im Depot und

Seite 85, Kapitel IV

nicht in der permanenten Ausstellung. Er selbst wusste am allerbesten, dass sie gut, aber nicht überdurchschnittlich waren, außerdem merkte er, dass in seinem Inneren der Humorist gegenüber dem ernsthaften Künstler immer mehr die Überhand gewann. So kam es zu der paradoxen Situation, dass er sich, just als er sich nach Kräften bemühte, seiner Gönnerin zu gefallen, immer mehr mit dem Gedanken an eine Karriere als Illustrator und Dichter anfreunden konnte. Es entstanden in den Frankfurter Jahren, wenn auch während der kurzen Aufenthalte in seinem Geburtsort Wiedensahl bei Hannover zu Papier gebracht, unter anderem »Der heilige Antonius von Padua«, »Bilder zur Jobsiade« und natürlich »Die fromme Helene«. Sie zählt noch heute zu Busch beliebtesten und bekanntesten Werken. Er verarbeitete hierin viele Eindrücke vom gesellschaftlichen Leben des Frankfurter Großbürgertums. Im ersten Kapitel prangert ein »frommer Sänger« die sittenlosen Zustände des städtischen Sündenbabels an, um Helenes »Landverschickung« zu erklären. Die Rede ist hier vom »Thalia«, gemeint ist eindeutig das gleichnamige Frankfurter Operettentheater, in dem in der Wintersaison 1869/70 »Die schöne Helena« von Jacques Offenbach aufgeführt wurde. Stadtgespräch war damals das bis zur Hüfte geschlitzte Kleid der Hauptdarstellerin. Auch die Börse und die Wallanlagen werden erwähnt. In dieser köstlichen Persiflage gibt es auch eine Menge Bezüge zu den Kesslers. Das Auftauchen der Villa als »Tatort« ist dabei reine Nebensache. Das Personal der »Frommen Helene« rekrutiert sich aus den Mitgliedern der Familie. Der Herausgeber der historisch-kritischen Ausgabe der Bildergeschichten Wilhelm Buschs, Hans Ries, ist sich absolut sicher, dass Caroline, die älteste Tochter, damals siebzehn Jahre alt, das Vorbild für Helene gewesen ist. Er leitet seine Annahme nicht nur von ihrem Rufnamen »Lina« ab, der fast wie »Lene« klingt, sondern vor allem von ihrer großen äußeren Ähnlichkeit mit der gezeichneten Titelfigur. Viel wichtiger für uns ist jedoch, dass auch das Ehepaar Kessler vorkommt. Im ersten Kapitel sind sie »schöne Mutter, alter Vater«, die vom Theater nach Hause gehen – wir erinnern uns, dass Kessler fast zwei Jahrzehnte älter war als seine Frau. Vielleicht war die Darstellung von Helenes Tante auch durch Johanna inspiriert, da kann man nur spekulieren. Dass aber für Lenchens Ehemann Schmöck Herr Kessler Pate stand, darf man getrost voraussetzen. Schmöck kommt in der Erzählung nicht gut weg. Er wird als reiner Geldbeschaffer, Kulturbanause, Säufer und Gourmand geschildert, der zu guter Letzt sogar an einer Fischgräte erstickt. Da dürfte wohl der Wunsch Vater des Gedankens gewesen sein, denn – lassen wir endlich die Katze aus dem Sack – Wilhelm Busch war in Johanna Kessler verliebt.

Vom ersten Besuch in Frankfurt an verband ihn mit ihr eine tiefe Seelenverwandtschaft. Er schätzte ihre Klugheit und ihren Humor, liebte die gemeinsamen Gespräche und verbrachte darum viel Zeit mit ihr. Zwischen den beiden entwickelte sich ein enges Vertrauensverhältnis. Obwohl sie nicht mehr ganz jung und außerdem vielfache Mutter war, kann man den Porträts entnehmen, die Busch von ihr gemacht hat, dass sie eine attraktive Erscheinung war. Ärgerlicherweise war sie verheiratet und somit eigentlich unerreichbar.

Natürlich wusste sie, wie es um ihn stand, und es ließ sie auch nicht unberührt. Ihr schmeichelte die Verehrung des gut aussehenden, amüsanten und immer prominenter werdenden Mannes. Sie nahm auch gern seine Geschenke an, die das Kostbarste waren, was er geben konnte: die in wochenlanger Arbeit kalligrafierten Zierhandschriften seiner Werke. Und sicherlich kokettierte sie auch mal mit der Vorstellung, ihren Gatten zu verlassen, aber letzten Endes war ihr doch klar, dass sie ihre gesicherte Existenz für Busch nicht aufgeben wollte.

Anfangs konnte sich Wilhelm mit der Rolle des Hausfreunds einigermaßen abfinden und unterdrückte seine Gefühle. Um die Beziehung schon rein äußerlich möglichst harmlos erscheinen zu lassen, benutzte er für den Weg zur Mutter meist den Umweg über die Töchter. Zum Beispiel war der Kehrreim eines langen Gedichts aus dem Jahr 1872: »Wo ich auch sei – ich denke immer / An die bewußten Frauenzimmer«. Wilhelm und Johanna gewöhnten sich an, sich gegenseitig als »Onkel« und »Tante« zu bezeichnen, zumal die Kessler'schen Kinder Busch sowieso schon »Onkel Wilhelm« getauft hatten. In den vielen Briefen, die er an Johanna und die Kinder geschrieben hat und die größtenteils noch erhalten sind, während er seine gesamte Post kurz vor seinem Tod verbrannt hat, druckst Busch immer irgendwo zwischen familiärer Herzlichkeit und versteckten Liebesbekundungen herum, um die Grenzen des Schicklichen nicht zu verletzen.

Dass er an diesem Zustand zunehmend litt, ist kein Wunder. Einmal konstatiert er völlig frustriert: »Onkel heißt er günstgen Falles, / Aber dieses ist auch Alles.« Vermutlich war für ihn die Situation im Frühling 1872 so unerträglich geworden, dass er deswegen den eigenen Haushalt in Frankfurt auflöste. Sein Hauptwohnsitz wurde nun wieder Wiedensahl, wo er bei seiner Schwester Fanny lebte. Es ist nicht völlig abwegig, dass das Gedicht »Idiosyncrasie« in verschlüsselter Form die Frankfurter Problematik schildert:

Der Tag ist grau. Die Wolken ziehn.
Es saust die alte Mühle.
Ich schlendre durch das feuchte Grün
Und denke an meine Gefühle.

Die Sache ist mir nicht genehm.
Ich ärgre mich fast darüber.
Der Müller ist gut; trotzalledem
Ist mir die Müllerin lieber.

Das war nämlich das Dilemma: Auch wenn Kessler in der »Frommen Helene« so verunglimpft wurde, war er in Wirklichkeit ein »guter« Mensch. In Buschs Briefen taucht er naturgemäß kaum auf und wenn, verschwindet er hinter seiner Frau, aber nach allem, was wir wissen, kann er nur freundlich und umgänglich, generös und tolerant gewesen sein. In seinem Heim herrschte immer eine angenehme und harmonische Atmosphäre, nie wird von einem Krach berichtet – kein Vergleich also zu den Verhältnissen im Hause Gontard. Für seinen Humor spricht schon allein die Tatsache, dass er die »Fromme Helene« vor der Drucklegung gelesen, ihre Veröffentlichung aber nicht verhindert hatte. Busch konnte also noch nicht einmal richtig böse auf ihn sein und so eine Begründung finden, ihn zu hintergehen.

Obwohl der Dichter sich zurückgezogen hatte, blieben Johanna und er in regem Briefkontakt, und gelegentliche Besuche Wilhelms in Frankfurt fanden weiterhin statt. 1875 scheint es dann zu einer Art Aussprache gekommen zu sein. Vermutlich hat Johanna ihm sehr deutlich gesagt, dass es bei einer platonischen Beziehung bleiben muss und die Zeit seine Wunden bestimmt heilen wird. Wir können das nur aus seiner Antwort vom 12. Februar 1875 schließen, die sehr ergreifend seinen großen Schmerz wiedergibt: »Sie vertraun dem milden Einfluß der Zeit. Wohl und gewiß! Aber doch, derweil wir wandeln, geht all das Gute, was wir nicht getan und all das Liebe, was wir nicht gedurft, ganz heimlich leise mit uns mit, bis die

Zeit für dieses Mal vorbei. Es weht der Wind; das Schneegestöber hüllt mir Wald und Feld und Garten ein. Ich wollt ich wär ein Eskimo, säße hinten am Nordpol, tief unter der Schneekruste, tränke Leberthran und könnte mich wärmen, an Was ich möchte. Bei Ihnen brennt's Feuer im Kamin. Da säße ich auch recht gern. Ihr W. B.« Der sonst gezwungenermaßen reservierte Busch wird hier so deutlich wie an keiner anderen Stelle und doch ist der Text ein Meisterwerk im Alles-und-nichts-Sagen. Auf einen anderen mutmaßlichen Rat Johannas, nämlich sich eine andere Frau zu suchen, reagierte er wohl mit der wunderbar ironischen »Knopp«-Trilogie der Jahre 1875–77 (»Abenteuer eines Junggesellen«, »Herr und Frau Knopp« und »Julchen«), in der sich auch der kürzeste Heiratsantrag der deutschen Literatur findet: »›Mädchen‹ – spricht er – ›sag mir ob‹ / Und sie lächelt: ›Ja, Herr Knopp!‹«

1877 brach der Kontakt dann vollständig ab. Auch hier kann man nur vermuten, was die Ursache war. Buschs letzter Brief zu Weihnachten spiegelt Johannas altbekannte Vorwürfe wider, er widme sich zu viel der leichten Muse anstatt der hehren Kunst. Er reagierte auf diese Geringschätzung zu Recht sehr eingeschnappt, war er doch mittlerweile in seiner Sparte durchaus arriviert. Vielleicht brauchte er auch nur einen Grund, um sich aus Selbstschutz endgültig zurückziehen zu können. Wer wollte es ihm verdenken?

Erst 1891 kam es zur Versöhnung. Nanda hatte den mit Busch befreundeten Maler Franz von Lenbach um Hilfe gebeten. Kaum erfuhr Busch vom Wunsch der Kessler-Damen, wieder von ihm zu hören, schrieb er gleich einen Brief nach Frankfurt und wurde umgehend eingeladen. Von nun an visitierte er »Eins, Zwei, Drei« wieder regelmäßig. Johanna war mittlerweile verwitwet, aber der sechzigjährige Dichter scheint an einem Revival kein Interesse gehabt zu haben. Dafür entdeckte nun Nanda ihre zärtlichen Gefühle für den ehemaligen »Onkel« und machte ihm sogar einen Heiratsantrag. Nach einer schrecklichen Ehe suchte sie bei ihm wohl Ruhe und Geborgenheit, aber Busch war mit dem Thema Frauen endgültig durch. Er hatte in der Zwischenzeit mehrere Beziehungen gehabt; einige waren Briefpartnerinnen gewesen, die seiner Meinung nach aus der Nähe nicht halten konnten, was sie aus der Ferne versprochen hatten, oder Ehefrauen. Man wird das Gefühl nicht los, dass er sich immer nur für ihn unerreichbare Frauen ausgesucht hat. Er flüchtete sich lieber in die selbst gewählte Einsamkeit, getreu seinem Motto: »Wer einsam ist, der hat es gut, / Weil keiner da, der ihm was tut.«

So segelten Busch und seine Frankfurterinnen für den Rest der verbleibenden Zeit in vertrautem Gewässer und pflegten eine herzliche Freundschaft, die erst mit dem Tode Wilhelm Buschs am 9. Januar 1908 endete. Ein halbes Jahr zuvor war er das letzte Mal nach Frankfurt gereist. Johanna Kessler starb acht Jahre nach ihm, am 9. Februar 1915. Für ihre Beziehung lässt sich keine bessere Überschrift finden als ein Satz aus dem Schlusskapitel der »Frommen Helene«, der inzwischen zum geflügelten Wort geworden ist:

Das Gute – dieser Satz steht fest –
Ist stets das Böse, was man läßt!

»VERLOREN IST WEN LIEBE NICHT BEGLÜCKET«

Karoline von Günderrode & Friedrich Creuzer

Wie heißt es so schön: Drei sind einer zu viel. In den beiden vorangegangenen Fällen war das der Ehemann. Jetzt bekommen wir es mit einer äußerst störenden Ehefrau zu tun.

Obwohl die Günderrodes seit dem 16. Jahrhundert zu den führenden Patriziergeschlechtern Frankfurts gehörten, erblickte Karoline Friederike Louise Maximiliane von Günderrode am 11. Februar 1780 in

Karlsruhe das Licht der Welt. Der Vater Hector Wilhelm von Günderrode war dort badischer Hof- und Regierungsrat. Er starb, als sie sechs Jahre alt war, woraufhin die Mutter mit den sechs Kindern nach Hanau zog. Dort lebte die Familie in sehr beengten Verhältnissen von der schmalen Pension des Vaters.

Karoline wuchs zu einer bezaubernden, wenn auch zurückhaltenden jungen Frau heran. Bettine Brentano, die ihrer Freundin später das Buch »Die Günderrode« widmen sollte, skizziert ihr Auftreten darin mit wenigen Worten: »Sie war so sanft und weich in allen Zügen wie eine Blondine. Sie hatte braunes Haar, aber blaue Augen, die waren gedeckt mit langen Wimpern; wenn sie lachte, so war es nicht laut, es war vielmehr ein sanftes Girren, in dem sich Lust und Heiterkeit sehr vernehmlich aussprachen. Sie ging nicht, sie wandelte – ihr Kleid war ein Gewand, was sie in schmeichelnden Falten umgab. Das kam von ihren weichen Bewegungen her. Ihr Wuchs war hoch, ihre Gestalt zu fließend, als daß man es mit dem Wort schlank ausdrücken könnte; sie war schüchtern-freundlich, und viel zu willenlos, als daß sie in der Gesellschaft sich bemerkbar gemacht hätte.«

Sie war also adlig, anmutig, außerdem gebildet, aber ... verarmt; und ohne Mitgift konnte sie nicht adäquat verheiratet werden. Deshalb brachte ihre Mutter die Siebzehnjährige im Frühjahr 1797 nach Frankfurt am Main. Hier fand sie Aufnahme im »Von Cronstett- und von Hynspergischen adeligen evangelischen Stift«. Die Einrichtung war von Justina Catharina Steffan von Cronstetten (1677–1766) gegründet worden. Sie war in jungen Jahren von einem Mann, dessen Liebe sie nicht erwidern konnte, nach dem Kirchgang geraubt worden. Danach konnte oder wollte sie sich nicht mehr vermählen, sondern führte in ihrem Elternhaus, dem »Kranichhof« am Roßmarkt 17 (heute Kaiserstraße 1), ein zurückgezogenes, wohltätiges Leben. Den Hauptteil ihres beträchtlichen Vermögens steckte sie später in das Stift für mittellose alleinstehende Damen der Patriziergesellschaft Alten-Limpurg, das bis zur Zerstörung des Gebäudes 1944 im »Kranichhof« untergebracht war.

Da die Familie Günderrode den Alten-Limpurgern angehörte, war es nur recht und billig, dieses Versorgungsrecht für die älteste Tochter in Anspruch zu nehmen. Karoline bezog eine kleine Wohnung mit zwei Zimmern auf der Gartenseite des Hauses. Die ursprünglich sehr strengen Regeln für den sittsamen Lebenswandel (schlichte Kleidung in gedeckten Farben, keine Teilnahme an gesellschaftlichen Veranstaltungen, Besuche nur von nahen Verwandten, kein Ausgang nach der Sperrstunde, Reisen nur in Ausnahmefällen) waren längst gelockert worden. Das neue Stiftsfräulein kleidete sich modisch und bunt, ging ins Theater, empfing und traf Freundinnen und fuhr oft für mehrere Wochen weg. Trotzdem war sie kein oberflächlicher Mensch. Sie beschäftigte sich im Selbststudium mit den Geisteswissenschaften.

Bei einem Landaufenthalt lernte sie im Juni 1799 Friedrich Carl von Savigny kennen, der ihre erste richtige Liebe wurde. Sie war von dem gut aussehenden ein Jahr älteren Jurastudenten sofort hingerissen und beichtete der Freundin Karoline von Barckhaus: »Schon beim ersten Anblick machte Savigne einen tiefen Eindruck auf mich,

ich suchte es mir zu verbergen und überredete mich es sei bloß Theilnahme an dem sanften Schmerz den sein ganzes Wesen ausdrückt, aber bald, sehr bald belehrte mich die zunehmende Stärke meiner Gefühle, daß es Leidenschaft sei, was ich empfand.« Kurze Zeit später schrieb sie an dieselbe Adresse: »Ich liebe, wünsche, glaube, hoffe wieder, vielleicht stärker als jemals.« Nach längerer Überlegung beschloss sie, sich dem Angebeteten nicht zu offenbaren, da sie fürchtete, ihm gleichgültig zu sein. Stattdessen flüchtete sie in die Poesie. Es gibt keinen Zweifel, dass 1799 die ersten Verse entstanden, unter anderen das Gedicht »Hochrot«:

Du innig Rot
Bis an den Tod
Soll meine Lieb dir gleichen
Soll nimmer bleichen
Bis an den Tod
Du glühend Rot
Sie soll Dir gleichen

Obwohl Savigny das »Günderrödchen«, wie er sie liebevoll nannte, sehr mochte und ihre Gefühle erahnte, heiratete er 1804 Kunigunde »Gunda« Brentano. Er entschied sich für die nüchterne und pragmatische Hausfrau und gegen die sensible, aber weltfremde Dichterin.

Es war nun mal so, das Alltägliche langweilte sie: »Es gibt ja noch Raum außer dieser kleinen Tages- und Weltgeschichte, in dem die Seele ihren Durst, etwas zu sein, löschen möchte.« Denn »es gibt nur zwei Leben, das gemeine (das schlechter ist als wir) und das höhere; viele Menschen schweben zwischen beiden, der wahre Künstler steht ganz in letzterm«. Und als eine solche Künstlerin sah sie sich fortan: »Ich suche in der Poesie mich zu sammeln, mich selbst zu schauen und durch mich durchzugehen in eine höhere Welt.«

1804 veröffentlichte sie unter dem Pseudonym »Tian«, das freilich schon nach einigen Wochen gelüftet wurde, das Buch »Gedichte und Phantasien«. Goethe und auch Clemens Brentano waren beeindruckt. Letzterer hatte allerdings Hintergedanken. Zwei Jahre zuvor hatte er sie bereits umschwärmt und ihr einen schwülstigen Brief geschrieben, in dem er ihr seine erotischen Fantasien weitschweifig auseinandergesetzt hatte. Sie hatte daraufhin den Kontakt zu ihm abgebrochen. Nun startete er einen neuerlichen Annäherungsversuch, den sie aber wiederum nicht erhörte.

Ihre Dichtung war unter den Romantikern einzigartig, leidenschaftlich, schwermütig und bedingungslos in ihrer Aussage. Gerade diese Kühnheit schreckte viele zeitgenössische Leser ab; sie war für eine Frau unziemlich. Dazu kamen ihre so ganz und gar »männlichen« Themen: Vergänglichkeit und Ewigkeit, Freiheit und Gefangenschaft, Heldentum, Moral. Karoline hatte Gunda Brentano bereits früher gekannt: »Schon oft hatte ich den unweiblichen Wunsch mich in ein wildes Schlachtengetümmel zu werfen, zu sterben. Warum ward ich kein Mann! Ich habe keinen Sinn für weibliche Tugenden, für Weiberglückseligkeit. Nur das Wilde, Große, Glänzende gefällt mir. Es ist ein unseliges, aber unverbesserliches Mißverhältnis in meiner Seele; und es wird und muß so bleiben, denn ich bin ein Weib und habe Begierden wie ein Mann, ohne Männerkraft. Darum bin ich so wechselnd, und so uneins mit mir.«

Im August 1804 begegnete sie bei einem Besuch in Heidelberg dann *dem* Mann, mit dem sie die ganz große Liebe erleben und dabei alle Stadien von höchster Glückseligkeit bis tiefster Traurigkeit durchlaufen sollte. Dr. Georg Friedrich Creuzer, neun Jahre älter als sie, war Professor für klassische Philologie. Von seiner Seite war es Liebe auf den ersten Blick, sie brauchte einen Moment länger. Vielleicht lag das daran, dass sein Äußeres nicht allzu vorteilhaft war. Doch es dauerte nur kurze Zeit, bis sie seinem Werben erlag. Das Spezialgebiet seiner Forschung war die Mythologie alter Völker – ein Thema, für das auch sie sich sehr begeisterte. Friedrich schätzte ihren

Intellekt, ihre Bildung und sogar ihre Lyrik. Hatte sie zuvor gehadert: »Oh, welche schwere Verdammnis, die angeschaffenen Flügel nicht bewegen zu können«, war auf einmal jemand da, der ihr riet, sie zu benutzen und zu fliegen. Und er war ein leidenschaftlicher Mann, kein staubtrockener Gelehrter, regelrecht ausgehungert nach emotionaler Zuwendung: »Sieh doch, ich bedarf ja des Genusses der Liebe – sieh doch an, ich bin ja ein junger Mann und entbehre schon lange, was im Leben das Köstlichste ist.« Und das sagte er, obwohl er seit fünf Jahren mit Sophie, der Witwe seines Amtsvorgängers Nathanael Leske, verheiratet war. Die 13 Jahre ältere Frau, die zwei halbwüchsige Kinder in die Ehe gebracht hatte, kümmerte sich zwar vorbildlich um den Haushalt, konnte ihn in anderer Hinsicht aber anscheinend nicht zufriedenstellen.

Nachdem Karoline wieder in Frankfurt angekommen war, korrespondierten die Verliebten fast täglich, pfiffigerweise in griechischen Buchstaben, die Sophie nicht lesen konnte. Schon bald kam er auch an den Main. Damit sich die beiden ungestört treffen konnten, hatte Susanne von Heyden ihrer Freundin die Schlüssel zum »Kettenhof« gegeben. Das Gut vor den Toren der Stadt, es lag zwischen Bockenheimer Landstraße und Kettenhofweg auf Höhe der heutigen Arndtstraße, war nicht ständig bewohnt. Nachdem die beiden sich hier das erste Mal für wenige Stunden gesehen hatten, war Karoline vollends überzeugt und meldete an Savigny: »Jetzt habe ich ihn so lieb, daß ich gar nicht mehr leben mag ohne ihn.«

Creuzer überlegte ernsthaft, sich scheiden zu lassen. Seine Frau, anfangs damit sogar einverstanden, widerrief ihr Einvernehmen aber bald wieder. Also verlegte er sich auf die Idee einer Ménage-àtrois, einer Ehe zu dritt. Sophie war in dieser Szenerie die Rolle als Haushälterin und mütterliche Freundin zugedacht. Auch diesem Vorschlag stimmte sie zunächst zu, aber auf eine Weise, dass er sie nicht beim Wort zu nehmen wagte. Nun wurden die Pläne immer absurder. Karoline schlug vor, als Student verkleidet in Heidelberg zu leben und seine Vorlesungen zu hören, um ihm so nahe wie möglich sein zu können; alternativ wäre auch eine gemeinsame Flucht nach Russland denkbar. Natürlich blieb es in beiden Fällen graue Theorie.

Noch liebten sich beide über alle Maßen. Sie sahen sich selten, jede Begegnung war eine Ausnahmesituation, bei der die Wirklichkeit ausgeblendet blieb. So konnten sie einander trefflich idealisieren. Doch je mehr sie von der Realität eingeholt wurden, desto mehr Missstimmungen traten auf. Karoline bemängelte seine Entscheidungsschwäche bezüglich seiner Frau, Friedrich ihr Desinteresse an den häuslichen Pflichten. Ein Leben als Professorengattin konnte

und wollte sie sich nicht vorstellen. Ihr einziger Lebensinhalt sollten Liebe und Hingabe sein. Diese Andersartigkeit gegenüber seiner Frau hatte ihn zu Beginn der Affäre noch fasziniert, nun – mit Blick auf ein mögliches Zusammenleben – schreckte es ihn ab. Sophie hatte diesen Meinungsumschwung ganz clever eingefädelt, indem sie ihn mal für einen Tag verlassen hatte. Für den zerstreuten Professor war das die Hölle; laut Günderrode-Biografin Doris Hopp »fand er nicht einmal den Hausschlüssel«. Er brauchte sie aber auch in finanzieller Hinsicht. Er hatte noch Schulden für ein Studiendarlehen abzutragen und bezog außerdem nur ein schmales Salär von der Universität, während sie über ein gewisses Vermögen verfügte. Er hätte nach einer Trennung keinesfalls zwei Frauen ernähren können und die Geliebte war ja selber mittellos.

Seine Zweifel blieben Karoline natürlich nicht verborgen und sie bemühte sich nach Kräften, sie zu zerstreuen. Er sollte – so wie sie – ihre Liebe wieder zur obersten Priorität erklären:

Überall Liebe

Kann ich im Herzen heiße Wünsche tragen?
Dabei des Lebens Blütenkränze sehn,
Und unbekränzt daran vorüber gehn
Und muß ich trauernd nicht in mir verzagen?

Soll freveInd ich dem liebsten Wunsch entsagen?
Soll mutig ich zum Schattenreiche gehn?
Um andre Freuden andre Götter flehn,
Nach neuen Wonnen bei den Toten fragen?

Ich steig hinab, doch auch in Plutons Reichen,
Im Schoß der Nächte, brennt der Liebe Glut
Daß sehnend Schatten sich zu Schatten neigen.

Verloren ist wen Liebe nicht beglücket,
Und stieg er auch hinab zur styg'schen Flut,
im Glanz der Himmel blieb er unentzücket.

Doch Creuzer zauderte. Nach gutem Zureden von Savigny versuchte sie daher Ende 1805, die Beziehung schriftlich zu beenden, aber beiden war das zu diesem Zeitpunkt noch nicht möglich.

In den ersten Monaten des Jahres 1806 schwankte die Stimmung beider zwischen Zuversicht und Hoffnungslosigkeit. Der Ton ihrer Briefe wurde zunehmend gereizter. Karoline hatte das Gefühl, etwas unternehmen, ein Zeichen setzen zu müssen: »Ich sende Dir ein Schnupftuch, das von nicht geringerer Bedeutung sein soll als das, welches Othello der Desdemona schenkte. Ich habe es lange, um es zu weihen, auf meinem Herzen getragen. Dann habe ich mir die linke Brust aufgeritzt und die hervorgehenden Blutstropfen auf dem Tuch gesammelt (...) Drücke es an Deine Lippen: es ist meines Herzens Blut.«

Der Empfänger des »Herzbluts« reagierte vordergründig erfreut, fühlte sich aber in Wirklichkeit dadurch in die Enge getrieben. Wahrscheinlich sagte er deswegen auch das für Anfang Mai geplante Rendezvous in Winkel ab.

Sie muss daraufhin einen so verzweifelten Brief geschrieben haben, dass er sich bemüßigt fühlte zu antworten: »Gott im Himmel, überlasse Dich doch solchen Stürmen nicht.« Doch für eine solche Warnung war es bereits zu spät.

Im Juni 1806 besuchte er sie ein letztes Mal in Frankfurt. Kaum zurückgekehrt brach er zusammen und wurde schwer krank. Man weiß nicht genau, wie hoch die Wogen damals gingen, aber man kann es ahnen. Sie wird den Verunsicherten erneut unter Druck gesetzt haben. Schon mehrfach hatte sie ihm erklärt: »Den Verlust Deiner Liebe könnte ich nicht ertragen.« Außerdem entstand ungefähr zu dieser Zeit ihr Gedicht »An meinen Heiligen«, eine letzte Beschwörung, sie nicht zu verlassen, und eine Ankündigung der Konsequenz, falls er es doch täte:

So leuchte über meinem Leben
Laß glaubensvoll nach Dir mich schaun
In Schmerzen Tod und in Gefahren
Laß mich auf Deine Liebe traun.

Dir leb' ich und Dir werd' ich sterben
Drum lasse meine Seele nicht
Und sende in der Erde Dunkel
Mir Deiner Seele köstlich Licht!

Da Du erbarmend mich erkoren
Verlasse meine Seele nicht
O Trost und Freude! Quell des Heiles!
Laß mich nicht einsam, liebes Licht.

Creuzers Krankheit war sicherlich psychosomatisch, deshalb aber nicht weniger ernst. Als er durch die Pflege seiner Frau halbwegs wiederhergestellt war, gelobte er vor Zeugen am Krankenbett feierlich, Karoline für immer zu entsagen. Ein Bekannter musste die Pflicht für ihn übernehmen, jene über den Entschluss schriftlich zu informieren.

Zur gleichen Zeit schrieb die Verschmähte einer Freundin: »Nach mir fragst Du? Ich bin eigentlich lebensmüde, ich fühle daß meine Zeit aus ist, und daß ich nur fortlebe durch einen Irrtum der Natur.« Im Juli 1806 befand sie sich in Winkel am Rhein, wo sie ursprünglich mit Friedrich verabredet gewesen war. Der Abschiedsbrief, der dort am 26. Juli eintraf, war absichtlich nicht an sie selbst, sondern an ihre Gastgeberin adressiert worden, damit diese sie wenigstens ein bisschen vorbereiten konnte. Karoline jedoch, sehnlichst auf eine Nachricht aus Heidelberg wartend, fing den Boten ab und öffnete das Schreiben in ihrem Zimmer. Nach der Lektüre reagierte sie ruhig und besonnen, wahrscheinlich war sie insgeheim auf den Inhalt gefasst gewesen. Sie legte alle Modalitäten bezüglich ihres Begräbnisses und ihrer Grabstätte fest und ging, scheinbar ganz heiter, aus dem Haus, um am Rhein spazieren zu gehen.

Schon früh hatte sie den Wunsch geäußert, eines Tages den Heldentod sterben zu wollen. Bettine Brentano gegenüber hatte sie erklärt, sie wüsste von einem Arzt, wie man ein Messer führen müsste, um das Herz zu treffen. Und so erdolchte sie sich am Ufer des Flusses. Am nächsten Morgen fand man ihre Leiche, unter Weidenbüschen im Wasser liegend.

Dem Rekonvaleszenten wurde aus Sorge um seine Genesung ihr Tod zwei Monate lang verschwiegen. Als er schließlich davon erfuhr, soll er nur kurz geseufzt und dann das Stoßgebet zum Himmel geschickt haben: »Wenn ich nur meine Sophie noch recht lange behalte!« In anderer Hinsicht entwickelte er bedeutend mehr Aktivität: Er ließ sich alle Briefe zurückgeben, die er je an Karoline geschrieben hatte, und stoppte aus Angst vor Kompromittierung den Druck ihres Werks »Melete«, in dem er als »Eusebio« auftaucht. Mit Sophie blieb er bis an sein Lebensende zusammen. Und als er später seine Autobiografie »Aus dem Leben eines alten Professors» veröffentlichte, wurde seine wahre Liebe darin mit keiner Silbe erwähnt.

Karoline von Günderrode wurde durch ihren Freitod zum »weiblichen Werther«, zum Mythos ihrer selbst und ihrer Epoche. Sie zerbrach nicht nur an ihrer unglücklichen und selbstzerstörerischen Liebe, sondern auch an der Kluft zwischen ihrem Drang nach Freiheit und den damaligen Möglichkeiten einer Frau. Letzten Endes scheiterte sie bei dem Versuch, ihre Ideale zu leben, ohne sie zu verraten. Diesem grandiosen Scheitern verdanken wir einige der wundervollsten Gedichte der deutschen Romantik.

KAPITEL V

EXOTISCHE LIEBE

Die Zutaten unserer bisherigen Lovestorys, so spannend sie auch verlaufen sein mögen, entstammten ja alle der einheimischen Küche. Es wird Zeit für eine Prise Exotik, meinen Sie nicht auch?

HAUS »ZUM TÜRKENSCHUSS«

Man nehme also den Schauplatz Algier, so um 1550. Dorthin hatte es den jungen italienischen Kaufmann Paolo Lasca verschlagen. Sein Schiff war auf einer Reise von sarazenischen Piraten gekapert und er selbst in die Sklaverei verschleppt worden. Man zwang ihn, in den Gärten des Beys zu arbeiten. So erniedrigend er diese Plackerei auch empfand, gab sie ihm doch die Gelegenheit, in der Nähe von Subeida zu sein, der einzigen Tochter des Beys, die jeden Tag hier spazieren ging. Sie war die schönste Jungfrau von ganz Algier. Keine hatte zartere Haut, schwärzere Haare, ausdrucksvollere Augen und ein liebreizenderes Wesen. Jedermann war von ihr hingerissen. Paolo, selbst von hübscher und stattlicher Erscheinung, wagte es jedoch nicht, ihr seine Gefühle zu offenbaren. Mit seiner Landsfrau Clara Pulci, die schon seit vielen Jahren als Gefangene am algerischen Hof lebte und wie er von großer Sehnsucht nach zu Hause geplagt wurde, plante er stattdessen die Flucht. Eines Tages berichtete Clara, die sich inzwischen ein wenig mit der Prinzessin angefreundet hatte, diese wäre schon vor Längerem zum christlichen Glauben konvertiert. Das musste jedoch ein Geheimnis bleiben, denn es war klar, dass der muslimische Herrscher ihr niemals erlauben würde, nach ihrer neuen Überzeugung zu leben. Subeida überlegte daher, das Land zu verlassen. Mit Zustimmung Paolos, der sicher nicht schwer zu überzeugen gewesen war, bot Clara

der Mutlosen ihre Hilfe an. Die Verschwörer trafen sich nun regelmäßig, und es kam, wie es kommen musste, die Prinzessin aus dem Morgenland und der stolze Italiener wurden ein Paar.

Da informierte der Bey seine Tochter, dass einer seiner Vasallen, Dhul Makan, um ihre Hand angehalten hätte und er gewillt wäre, ihm diese Gunst zu gewähren. Den Einwand, sie liebte diesen Mann nicht, ließ der Tyrann nicht gelten und drohte ihr, sie bei Weigerung in einen Sack einnähen und im Meer den Fischen zum Fraß vorwerfen zu lassen. Jetzt musste schnell gehandelt werden. Bereits am nächsten Morgen stachen die drei mithilfe einiger Getreuer in See und landeten nach stürmischer Fahrt glücklich an Spaniens Küste. Subeida ließ sich als Erstes in einer Hafenkapelle taufen und dann machte sich die kleine Gesellschaft nach Florenz auf, Paolos Heimatstadt. Leider erwarteten die Reisenden dort keine guten Nachrichten. Paolos Mutter war vor Kummer um ihren Sohn gestorben und sein Vater befand sich aus geschäftlichen Gründen auf der Frankfurter Messe. Ohne zu zögern, machten sie sich auf, um ihn in der Mainstadt zu treffen. So kommt es, dass der zweite Akt des Liebesdramas wieder vor vertrauterer Kulisse spielt.

Diego Lasca war im Gasthaus »Zur Rose« auf der Zeil abgestiegen, das schon von Weitem an den rosenrunden Fenstern und dem gewaltigen Schild mit der gemalten Rose zu erkennen war. Trotz guter Geschäftsabschlüsse auf der Messe war er verzweifelt, weil Paolo seit Jahren verschollen war. Man kann sich sein Erstaunen vorstellen, als auf einmal der verloren geglaubte Sohn in sein Frankfurter Hotelzimmer trat, begleitet von einer hell- und einer dunkelhäutigen Schönen. Nachdem Paolo den hocherfreuten Vater von seinen Erlebnissen in Kenntnis gesetzt hatte, gestand er ihm sogleich seine große Liebe zu Subeida und bat ihn um die Einwilligung zur Heirat, die er prompt erhielt. Schon bald wurde in der »Rose« Hochzeit gefeiert. Es war ein glänzendes Fest, zu dem viele deutsche und italienische Kaufleute eingeladen waren.

Bis hierher steuern wir zielstrebig auf ein Happy End zu, aber wir haben ja noch Dhul Makan auf der Rechnung, den verschmähten algerischen Verehrer. Er hatte die Spur der Ausreißer bis nach Frankfurt verfolgt und war gerade noch rechtzeitig am Main eingetroffen, um den Höhepunkt der Festivitäten mitzuerleben. Er schäumte vor Wut, dass er zu spät gekommen und die ihm Versprochene die Frau eines anderen geworden war. Diese Schmach musste gerächt werden. Er quartierte sich genau gegenüber der »Rose« ein, im Eckhaus von Zeil und Hasengasse. Am Morgen nach der Hochzeitsnacht erwachten die frisch Vermählten davon, dass ganz leise eine vertraute Melodie von draußen in ihr Zimmer drang; es war das Lied, das Paolo in Algier immer gesungen hatte, um sich das Heimweh zu vertreiben. Seine letzten Verse lauteten: »Wäre nicht mein Glück: Erinn'rung, / Wär' mein höchstes Glück: Vergessen!«. Neugierig geworden, öffneten sie das Fenster und blickten am jenseitigen Haus in das hasserfüllte Gesicht des Sängers; es war niemand anders als Dhul Makan. Dann ging alles ganz schnell. Der Orientale brauchte nur einen einzigen Schuss aus seiner Pistole, um beide tödlich zu treffen, so eng umschlungen hatte das Paar beisammengestanden.

Clara hatte vom Fenster des Nebenzimmers alles mitangesehen und berichtete den herbeieilenden Hotelgästen, was geschehen war. Der Mörder konnte in der anschließenden Verwirrung unbehelligt verschwinden. Später erinnerte sich ein Wachhabender an der Sachsenhäuser Warte an einen fremdländisch gekleideten Reiter, der an diesem Tag auf einem edlen Pferd herangesprengt, sich an der Landwehr noch einmal umgewendet und dann höhnisch lachend davongeritten wäre. Er wurde nie mehr gesehen und die grausame Tat blieb ungesühnt.

Der Wirt des Gasthauses aber, aus dem der tödliche Schuss abgefeuert worden war, ließ – geschäftstüchtig, wie er war – einen Orientalen aus Eichenholz schnitzen, ausstaffiert mit eindrucksvollem Bart, Mantel und Turban. Die lebensgroße Figur, an der Ecke des ersten Stockwerks platziert, zielte mit gespannter Pistole auf die Herberge »Zur Rose«. Seitdem wurde das Haus »Zum Türkenschuss« genannt. Der Türke, der ja eigentlich ein Araber gewesen war, aber wer will da schon kleinlich sein, stand dort noch lange Zeit. Als die Holzstatue verwittert war und an der Stelle des alten ein neues Gebäude entstand, folgte ihr ein neuer »Türke«, diesmal aus bunt bemaltem Blech.

Seite 102, Kapitel V

MAURISCHES HAUS

Während man die beiden Tatorte dieser Tragödie heute im Frankfurter Stadtbild vergebens sucht, steht an der Ecke Eschenheimer Anlage und Blumenstraße noch immer eines der originellsten Wohnhäuser der Stadt. Obwohl es sich am stark befahrenen Anlagenring befindet, bleibt es dennoch meist unentdeckt. Am besten kann man es vom gegenüberliegenden Grünstreifen aus betrachten.

Um seine Entstehung rankt sich eine bittersüße Legende: Einst unternahm ein bildungsbeflissener Frankfurter Bürger eine Reise an den Nil und brachte neben vielen Eindrücken von der ägyptischen Kultur auch eine orientalische Schönheit mit nach Hause. Er hatte sich unsterblich in die Frau verliebt und beschlossen, alles zu tun, damit sie sich in ihrer neuen Umgebung wohlfühlte. Darum erwarb er ein Grundstück in bester Lage und baute dort eine prachtvolle Villa im morgenländischen Stil. Leider hatte er sich dabei finanziell verhoben, und als die Schulden gar zu drückend wurden, sah er keinen Ausweg mehr und erschoss sich. Seine untröstliche Geliebte kehrte daraufhin wieder in ihr Heimatland zurück.

Bevor Sie ob dieser Schmonzette ihr Taschentuch zücken, berichte ich Ihnen lieber mal, welche Fakten uns über das bemerkenswerte Bauwerk wirklich bekannt sind. Es wurde 1857 von dem Frankfurter Maurermeister Johann Friedrich Weinsperger errichtet, zumindest

Seite 103, Kapitel V

erscheint er in den entsprechenden Unterlagen als Bauherr. Es war damals allerdings gängige Praxis, dass ein Handwerker das Gebäude vorfinanzierte und bis zum Einzug des eigentlichen Auftraggebers trockenwohnte. Jedenfalls verkaufte Weinsperger alles bereits 1860 an den Geschäftsmann Nikolaus Wilhelm Brückner. Von ihm weiß man, dass er sich längere Zeit in England aufgehalten hatte, wo islamisierende Bauten seit Beginn des 19. Jahrhunderts in Mode waren.

In Frankfurt blieb das Maurische Haus freilich ein Unikat. Fensterbögen in Hufeisen- und Sternform, umständlich verschlungene Ornamente, ein Balkon mit Schafsbockköpfen als Konsolen und minarettähnliche Eckpfeiler – das war nun wirklich zu viel des Guten für das hiesige konservative und wenig experimentierfreudige Bürgertum. Vielleicht lag es an seiner außergewöhnlichen Fassade, vielleicht auch an seiner »Vorgeschichte«, die in der Stadt von Generation zu Generation weitergegeben wurde, dass das Gebäude auffallend oft den Besitzer wechselte. Brachte es ihnen am Ende Unglück? Wie auch immer: Diese architektonische Perle hat ein bisschen mehr Aufmerksamkeit und Wertschätzung wirklich verdient.

IM LEBEN VEREINT, IM TODE GETRENNT

Wilhelm II. von Hessen-Kassel & Emilie von Reichenbach-Lessonitz

Wir haben in Frankfurt noch ein weiteres »Monument der Liebe« im Angebot, und auch dessen Bauart ist wenigstens exzentrisch zu nennen – vor allem für Frankfurter Verhältnisse. Es erhebt sich auf einer leichten Anhöhe inmitten eines Parks. Obwohl die Fassade aus dem in unserer Gegend früher sehr beliebten roten Sandstein besteht, wirkt das Gebäude hier sonderbar fremd. Seinen unbeschwer-

ten Stilmix, in Fachkreisen als »neoromanisch-neogotisch mit byzantinischen Anleihen« bezeichnet, verdanken wir dem damaligen Professor für Baukunst an der Städelschule, Friedrich Hessemer, oder genau genommen seinem Kunden, Wilhelm II. von Hessen-Kassel, auf dessen Entwürfe er zurückgeht. Das Portal ziert ein Relief, das die vor dem Grab Christi trauernden Frauen zeigt. Das ist ein wichtiger Hinweis auf die Funktion des Gebäudes. Es handelt sich nämlich um ein Mausoleum, situiert im Gewann F 1 des Hauptfriedhofs.

Hier wurde Emilie Gräfin von Reichenbach-Lessonitz beerdigt. Am 13. Mai 1791 in Berlin bürgerlich geboren, wurde sie 1812 die Mätresse des Kurprinzen von Hessen-Kassel. Wilhelm lebte damals im Berliner Exil und wollte im Juweliergeschäft von Johann Christian Ortlöpp pikanterweise einen ehemals als Verlobungsgeschenk für seine Frau gekauften, mit Brillanten besetzten Ring veräußern. Der Geschäftsinhaber war nicht da, aber seine entzückende Tochter Emilie – brünett, lebenslustig; er erlag ihrem Charme auf der Stelle. Von nun an besuchte er sie täglich, was der empörte Vater freilich alsbald unterband. Irgendwie schien sie trotzdem mit ihm in Kontakt geblieben zu sein, und als sie erfuhr, dass er erkrankt war, ließ sie sich heimlich von seinem Kammerdiener zu ihm bringen. Resolut übernahm sie die Pflege des Patienten, dessen Zustand nicht zuletzt an seiner völlig zerrütteten Ehe lag.

Der am 28. Juli 1777 als Sohn von Graf Wilhelm IX. von Hanau und späterem Kurfürsten von Hessen-Kassel und Prinzessin Wilhelmine Karoline von Dänemark geborene Wilhelm war 1797 aus politischen Gründen mit Prinzessin Augusta, Tochter des preußischen Königs Friedrich Wilhelm III., die Ehe eingegangen. Da die beiden diametral entgegengesetzte Charaktere waren, vertrugen sie sich von Anfang an nur schlecht. Wilhelm war labil und leicht reizbar, die gebildete und kunstsinnige Augusta aber nicht gewillt, sich dem despotischen Gatten ohne Gegenwehr unterzuordnen. Die massiven Konflikte steigerten sich bis zu tätlichen Auseinandersetzungen. So wird kolportiert, der Erbprinz hätte seine Gemahlin einmal bei Tisch mit dem Messer bedroht. Dazu kam, dass die gesamte Familie, das Paar hatte sechs Kinder, nach der Besetzung Hessens durch die Franzosen 1806 das Land verlassen musste und zuletzt in Berlin gestrandet war.

In dieser Situation hatten Wilhelm und Emilie sich kennengelernt. Die raffinierte Berlinerin durchschaute schnell, wie sie den zermürbten Mann an sich ketten und ihre langfristigen Ziele realisieren konnte. Sie durfte ihn anfangs auf keinen Fall unter Druck setzen, sondern musste ihm erst einmal eine feste Stütze sein und ihm ein behagliches Heim bieten, eine Rückzugsmöglichkeit von den immerwährenden Streitereien. Dazu trug auch die Geburt von Töchterchen Louise im Februar 1813 bei. Zu diesem Zeitpunkt weilte Wilhelm gerade nicht in Berlin, zeigte sich aber über die Nachricht hocherfreut und dazu noch außerordentlich spendabel. Nun musste sie dafür sorgen, dass sich ihr Verehrer auch in der Ferne an sie erinnerte und zu ihr bekannte. Also schrieb sie ihm von ihren Zweifeln an seiner Treue, die er prompt zu zerstreuen suchte. Von Leipzig aus, wo er an der Völkerschlacht teilnahm, beteuerte er: »Sei stets der rechtschaffendsten Gesinnungen überzeugt, welche ich nie verlieren werde.«

Oder: »Meine Liebe und mein Attachement bleibt immer, nah und fern, dieselbe.« Bei der ersten Wiederbegegnung in Berlin empfing sie ihn so kühl, dass er sich noch am selben Abend zu folgendem Billett genötigt fühlte: »Ich wünsche Dir eine recht gute Nacht und hoffe, daß Du nicht böse auf mich bist. Je länger Du mich kennen lernen wirst, je fester wird der Gedanke bei Dir werden, daß es mein Bestreben ist, mich Deiner Liebe würdig zu erweisen.«

Ihre Rechnung ging vollends auf, als Wilhelm Louise und sie noch 1813, unmittelbar nach der Rückkehr in sein Land nach jahrelangem Exil, zu sich nach Kassel holte. Das war selbstverständlich ein Schlag ins Gesicht seiner Gemahlin, die sofort die Scheidung verlangte. Die Höfe von Kassel und Berlin wollten aber um jeden Preis einen Eklat vermeiden und so wurde in einem Geheimvertrag vom 21. Oktober 1815 nur die juristische Trennung von Tisch und Bett verfügt. Wilhelm war mittlerweile an der Spitze seiner Truppen vom Frankreichfeldzug heimgekehrt und sorgte für einen luxuriös ausgestatteten Wohnsitz seiner Favoritin. Die von den Kasselanern sehr verehrte Kurprinzessin wehrte sich erfolglos gegen diesen Affront und wurde in der Folge in jeder Hinsicht von Emilie verdrängt, die fortan alle gesellschaftlichen Anlässe wahrnahm.

Sofort nach dem Tod Wilhelm I. im Februar 1821 und dem Amtsantritt seines Sohnes als Kurfürst Wilhelm II. übersiedelte Emilie mit den inzwischen fünf gemeinsamen Kindern in das Kurfürstliche Palais. Die rechtmäßige Gattin bekam das Schloss Schönfeld als Sommersitz geschenkt und den Umzug dorthin finanziert; sie wurde – auf gut Deutsch – abgeschoben. Der neue Regent erhob seine Geliebte außerdem noch im selben Jahr zur Gräfin Reichenbach (nach einer Burg bei Waldkappel).

In politischer Hinsicht vertrat er zwar keine so reaktionäre Position wie sein Vater, war aber zur großen Enttäuschung seiner Untertanen nicht am Umbau des autokratischen Staates in eine konstitutionelle Monarchie interessiert. Obwohl er dringend notwendige Reformen einleitete, verfolgte er insgesamt in seinen Handlungen keine einheitliche Linie. Seine Sprunghaftigkeit wurde in Kassel im Allgemeinen auf eine gewisse Verkorkstheit durch das lange Warten auf die Thronfolge und im Besonderen auf den schlechten Einfluss seiner Kurtisane zurückgeführt. Kurfürstin Augusta und ihr Sohn, Kurprinz Friedrich Wilhelm, nutzten die Frustration im Land aus und scharten Oppositionelle aus Adel und Bürgertum um sich, den sogenannten Schönfelder Kreis. Als ihm der zu machtvoll erschien, befahl der Herrscher seine Auflösung. Die Reaktion erfolgte prompt: Nur wenige Tage später erreichte ihn ein anonymes Schreiben, das ihn mit dem Tode bedrohte, falls er verschiedene Forderungen nicht erfüllte, darunter die Gewährung einer Verfassung und die Beendigung jeder weiteren Einflussnahme der Reichenbach auf die Lenkung des Staates. Dieses Ultimatum ist als »Drohbriefaffäre« in die Geschichte eingegangen. Trotz unmittelbar installierter Untersuchungskommission konnte der Absender nie ermittelt werden. Derart unter Druck geraten, veranlasste Wilhelm II., gedeckt durch die Karlsbader Beschlüsse, eine durchgreifende Verfolgung aller tatsächlichen und potenziellen politischen Gegner.

Durch diese Restriktionen kehrte in der Folgezeit äußerlich etwas Ruhe im Land ein, doch unter der Oberfläche brodelte es, denn der Vorwurf der Beeinflussung Wilhelms durch die ehrgeizige und machthungrige Emilie war nicht unberechtigt. Etwas überspitzt formuliert könnte man sagen, sie war die eigentliche Regentin Hessen-Kassels in den Jahren 1821 bis 1831. Man hasste sie dafür, schließlich war sie nur »das Verhältnis«, und unterstellte ihr, das Land finanziell zu schädigen, um sich persönlich zu bereichern. Angeheizt wurde die Stimmung noch durch die Verleihung des österreichischen Titels einer Gräfin von Lessonitz an Emilie, nachdem der Kurfürst für sie und die gemeinsamen Kinder zur wirtschaftlichen Absicherung die böhmischen Güter Lessonitz, Bisenz und Unter-Moschtienitz erworben hatte.

Die angespannte Lage kulminierte in der Revolution von 1830, die in Kurhessen mit besonderer Vehemenz ausbrach. Wilhelm II. sah sich gezwungen, die Landstände einzuberufen, die am 5. Januar 1831 eine neue, für damalige Verhältnisse außerordentlich fortschrittliche Verfassung erließen. Nachdem er in dieser Frage nachgegeben hatte, schätzte er seine Position in der Öffentlichkeit falsch ein. Schon am nächsten Tag versuchte die – nicht zuletzt durch den Thronfolger – aufgewiegelte Volksmenge nämlich, Schloss Wilhelmshöhe zu stürmen und die unerwünschte Mätresse zu vertreiben. Der Hof flüchtete daraufhin nach Hanau. Bei den damaligen Kommunikationsmöglichkeiten erwies sich ein Regieren aus solcher Distanz als unmöglich und so ernannte der Kurfürst für die Dauer seiner Abwesenheit aus der Hauptstadt seinen Sohn am 30. September 1831 zum Mitregenten. Da er niemals mehr nach Kassel zurückkehren sollte, kam das faktisch einer Abdankung gleich.

In Hanau mochte man die Exilanten auf Dauer nicht beherbergen; man befürchtete wegen der Anwesenheit der Gräfin unliebsame Zwischenfälle, und daher siedelte Wilhelm mit Sack und Pack nach Frankfurt über. Nach einer ersten Bleibe in Sachsenhausen übernahm er 1833 das elegante Haus des Bankiers Jordan de Rouville in der Neuen Mainzer Straße 54, die damals Frankfurts absolute Topadresse war.

1840 erstand die Gräfin von Reichenbach-Lessonitz zusätzlich noch den Goldsteiner Hof vor den Toren der Stadt. Durch Ankäufe von Nachbargrundstücken entstand dort ein ansehnlicher Gutsbesitz, auf dem 1850 bis 1860 ein noch heute existierendes Herrenhaus errichtet wurde.

Nachdem die Familie zuvor die Sommermonate immer auf ihrem Anwesen in Baden-Baden verbracht hatte, erwarb der Kurfürst 1842 für den gleichen Zweck dann das sogenannte Du Faysche Gartenhaus am Untermaintor mit seinem großen Park, das er aufwendig zum »Palais Reichenbach« umgestalten ließ.

So ließ es sich in Frankfurt aushalten! Wilhelm wurde nur in Ausnahmefällen mit Staatsgeschäften behelligt und führte ansonsten das angenehme Leben eines wohlhabenden Privatiers. Durch den zurückgezogenen Lebensstil blieb viel Zeit für die insgesamt acht Kinder, zu denen er ein viel besseres Verhältnis hatte als zu seinen legitimen Nachkommen und um die er sich rührend kümmerte.

Vielleicht war dieses »Cocooning« aber auch nicht ganz freiwillig, denn trotz der in der Freien Stadt vergleichsweise liberalen Atmosphäre war die gesellschaftliche Akzeptanz des Skandalpaares nicht ungeteilt. Während es mit einigen Bundestagsabgeordneten Umgang pflegte, übten sich viele vornehme Frankfurter Familien diesbezüglich eher in Zurückhaltung. Das änderte sich auch nicht wesentlich, als der Kurfürst nach dem Tod seiner rechtmäßigen Gemahlin im Februar 1841 am 8. Juli desselben Jahres auf Schloss Bisenz bei Brünn mit der Gräfin die morganatische (unstandesgemäße) Ehe einging. Einer der prominenten Trauzeugen damals war übrigens Staatskanzler Fürst Metternich.

Im Oktober 1842 erkrankte Emilie von Reichenbach-Lessonitz an Leberentzündung und starb am 12. Februar 1843 im Palais an der Neuen Mainzer Straße. Die Trauerfeier war ein aufsehenerregendes Ereignis, an dem außer den nächsten Angehörigen auch Vertreter der Bundestagsgesandten, Mitglieder des Frankfurter Senats und hessische Deputierte teilnahmen. Die Beerdigung erfolgte zunächst in der Gruftenhalle des Hauptfriedhofs, bis die Grabkapelle fertiggestellt sein würde.

Der Witwer heiratete nur ein halbes Jahr später, am 28. August 1843, die dreiundzwanzigjährige Karoline von Berlepsch, Tochter des Kasseler Stadtkommandanten, und erhob sie zur Baronin von Bergen. Diese dritte und letzte Ehe war trotz des enormen Altersunterschieds von dreiundvierzig Jahren sehr harmonisch, blieb aber kinderlos. Weil die Erinnerungen an die Verstorbene noch so übermächtig waren, bezog Wilhelm II. mit seiner neuen Frau ein anderes Domizil, ebenfalls in der Neuen Mainzer Straße, Ecke Hofstraße gelegen. Dort entschlief er am 20. November 1847.

Damit ist die Geschichte jedoch noch nicht zu Ende. Da der Kurfürst vor der Fertigstellung des Mausoleums gestorben war, kümmerten sich anschließend die Reichenbach'schen Kinder um die weitere Ausgestaltung. Da ihr Vater aller Welt hatte beweisen wollen, wie wertvoll ihm Emilie gewesen war, ließen sie sich dabei nicht lumpen. Sie gaben bei dem berühmten Frankfurter Bildhauer Eduard

Schmidt von der Launitz zwei gleiche Marmorsarkophage mit lebensgroßen Liegefiguren der Verstorbenen in Auftrag, die in den 1860er Jahren vollendet wurden. Sie bestellten das Pendant des Vaters wie mit ihm verabredet, wohl wissend, dass er hier niemals ruhen würde, obwohl das sein ausdrücklicher Wunsch gewesen war, der sogar von seiner dritten Gattin unterstützt wurde. Sein Sohn und Nachfolger Friedrich Wilhelm I. hatte durchgesetzt, dass er in der Fürstengruft der Hanauer Marienkirche beigesetzt wurde. Auch der Sarg der Gräfin wurde wegen verschiedener Komplikationen erst mit jahrzehntelanger Verspätung am 24. März 1894 von der Reihengruft an seinen vorgesehenen Platz überführt. So blieb Emilie Ortlöpp auch noch im Tod die letzte Anerkennung als große Liebe des hessischen Kurfürsten versagt.

KAPITEL VI

UNSTANDESGEMÄSSE LIEBE

Das letzte Paar des vorhergehenden Kapitels hätte ebenso gut in diesem Platz finden können, denn nun geht es um Liebende, die mit fest gefügten Standesgrenzen zu kämpfen hatten – und dabei leider meistens den Kürzeren zogen!

»EIN DONNERSCHLAG IN DER BRUST«

Katharina Elisabeth Textor & Karl VII.

Den Anfang macht das Paar mit dem größtmöglichen Standesunterschied unter unseren Beispielen: *Sie*, Elisabeth, war ein junges Bürgerkind an der Schwelle zum Erwachsenwerden. *Er*, Karl, war kein Geringerer als der Kaiser des Heiligen Römischen Reiches Deutscher Nation!

Katharina Elisabeth Textor wurde am 19. Februar 1731 als ältestes von fünf Geschwistern in Frankfurt am Main geboren. Ihr Vater, Johann Wolfgang Textor, war Jurist und zu diesem Zeitpunkt am Beginn einer glänzenden Karriere als Kommunalpolitiker, in der er es vom einfachen Ratsmitglied noch zum Stadtschultheiß auf Lebenszeit bringen sollte. Die Familie wohnte in der Friedberger Gasse 10 und dort verlebte Elisabeth eine unbeschwerte Kindheit. Später wird sie ihren Eltern dankbar sein, dass ihre Seele »von Jugend auf keine Schnürbrust angekriegt hat«.

Kurz vor ihrem zwölften Geburtstag wirbelte ein großes Ereignis ihr behütetes Leben durcheinander: Der Wittelsbacher Karl Albrecht, in Personalunion Kurfürst von Bayern (als Karl I.) sowie Kurfürst und König von Böhmen (als Karl III.), kam in ihre Heimatstadt, um sich hier am 12. Februar 1742 zum Kaiser Karl VII. krönen zu lassen. Die Festivitäten rund um dieses Spektakel verliehen Frankfurt ein ganz besonderes Flair, das Elisabeth mit allen Sinnen genoss, ganz im Gegensatz zum Kaiser selbst, der am 13. Februar in sein Tagebuch eintrug: »Meine Krönung ist gestern vor sich gegangen mit einer Pracht und einem Jubel ohnegleichen, aber ich sah mich zur gleichen Zeit von Stein- und Gichtschmerzen überfallen. Krank, ohne Land, ohne Geld, kann ich mich wahrlich mit dem Job, dem Mann der Schmerzen, vergleichen und kann nur auf Gott meine Hoffnungen bauen, auf ihn, der dieses Unheil zuließ, der uns auch wieder Rettung senden kann.«

Es sah wirklich nicht rosig aus für ihn. Maria Theresia hatte sich der Wahl widersetzt und mit ihren Truppen München eingenommen, sodass er sich gezwungen sah, zwischenzeitlich mit Frankfurt als Residenzstadt vorliebzunehmen. Zunächst bezog er ein Quartier im Gasthaus »Zum Römischen Kaiser« an der Ecke Zeil und Schäfergasse, anschließend im Palais Barckhausen auf der Südseite der Zeil. Natürlich konnte er hier nicht dieselbe Pracht wie in der bayerischen Hauptstadt entfalten, aber die

vornehmen Frankfurter bemühten sich in seiner knapp dreijährigen Anwesenheit nach Kräften um einen bisher nicht gekannten höfischen Lebensstil.

Elisabeth war hingerissen von dem damals vierundvierzigjährigen Herrscher. Seine äußere Erscheinung machte großen Eindruck auf sie. Noch Jahrzehnte später geriet sie ins Schwärmen: »Himmel, was hatte der Mann für Augen; wie melancholisch blickte er unter gesenkten Augenwimpern hervor!« Dass diese blauen Augen damals großen Eindruck auf die Frauen gemacht hatten, weiß später sogar ihr Sohn Johann Wolfgang in »Dichtung und Wahrheit« zu berichten. Und es war besonders die Traurigkeit in seinen Augen, die ihm von der Bevölkerung den Beinamen »der Unglückliche« einbrachte.

Seine kleine Verehrerin folgte ihm auf Schritt und Tritt »in alle Kirchen, überall kniete er auf der letzten Bank unter den Bettlern und legte sein Haupt eine Weile in die Hände, wenn er wieder emporsah, war mir's allemal wie ein Donnerschlag in der Brust; da ich nach Hause kam, fand ich mich nicht mehr in die alte Lebensweise, es war, als ob Bett, Stuhl und Tisch nicht mehr an dem gewohnten Ort ständen (...) Am Abend in meiner Kammer legte ich mich vor meinem Bett auf die Knie und hielt meinen Kopf in den Händen wie er, es war nicht anders, wie wenn ein großes Tor in meiner Brust geöffnet wär'.« Elisabeth beobachtete ihn auch während der Karfreitagsmesse im Dom. Für das im protestantischen Glauben erzogene Mädchen bot die pompöse und faszinierende Inszenierung eines katholischen Gottesdienstes die perfekte Folie für die Verklärung des Angebeteten.

Ärgerlicherweise erwärmte sich auch ihre jüngere Schwester für Karl VII., ohne um die Gefühle der älteren zu wissen. Einmal, als er in einer Karosse an den beiden vorüberfuhr, rief die Kleine ihm ein kräftiges »Vivat!« zu, woraufhin er freundlich mit dem Taschentuch winkte. Als sie hinterher auch noch damit vor ihr prahlte, lächelte Elisabeth nur still in sich hinein, denn sie war davon überzeugt, dass der Gruß eigentlich ihr gegolten hatte. »Und so baute sich ein geheimes Liebesverständnis in meinem Herzen auf, von dem mir unmöglich war zu glauben, daß er nichts davon ahne.« Sie war sicher, dass er sich nach ihrer Wohnung erkundigt hatte, denn war es nicht auffällig, wie oft er mittlerweile den Weg durch die Friedberger Gasse nahm? Und jedes Mal grüßte er zu ihrem Fenster hinauf! »O, wie war ich den vollen Tag so selig, wo er mir am Morgen einen Gruß gespendet hatte; da kann ich wohl sagen, daß ich weinte vor Lust.«

Die guten Kontakte ihres Vaters, der 1741 und 1743 Älterer Bürgermeister Frankfurts war, ermöglichten ihr, zu einer »öffentlichen Tafel« des Kaisers im Römer gehen und dem Objekt ihrer Begierde ganz nahe zu kommen. Als man das Glas auf die Gesundheit des Regenten erhob, »da jauchzte ich laut mit, der Kaiser sah mich an, er nahm den Becher, um Bescheid zu tun und nickte mir, ja, da kam mir's vor, als hätte er den Becher mir bringen wollen (...) Er mußte ja wohl die große Begeistrung in meinen Augen lesen.« Leider musste sie im Anschluss den Saal verlassen, weil sie den Lärm der Pauken und Trompeten nicht mehr aushielt. Danach versuchte sie nicht mehr hineinzugelangen, »eine geheime Stimme sagte mir, daß ich an dem, was mir heute beschert geworden, mir solle genügen lassen«. Lieber ging sie schnell nach Haus in ihre Kammer »und weinte dem Kaiser schmerzlich süße Tränen der heißesten Liebe«.

Schon am nächsten Tag reiste er ab, da sich die politische Lage in seiner Heimat inzwischen entspannt hatte. Zuletzt hatte sich die Begeisterung für ihn in der Stadt etwas gelegt. Der »Kaiser ohne Land« hatte auf großem Fuß gelebt und viele Schulden bei den hiesigen Handwerkern und Kaufleuten gemacht. »Ich lag frühmorgens um vier in meinem Bett. (...) Da hörte ich fünf Posthörner blasen, das war er, ich sprang aus dem Bett. Vor übergroßer Eile fiel ich in der Mitte der Stube und tat mir weh; ich achtete es nicht und sprang zum Fenster. In dem Augenblick fuhr der Kaiser vorbei – er warf mir Kußhände zu und winkte mir mit dem Schnupftuch, bis er die Gasse hinaus war. Von der Zeit an habe ich kein Posthorn blasen hören, ohne dieses Abschieds zu gedenken.« Als im Januar 1745 die Glocken der Reichsstadt den Tod Karls VII. verkündeten, war das junge Mädchen am Boden zerstört.

Wir wissen von dieser Episode aus »Goethes Briefwechsel mit einem Kinde« von Bettine von Arnim. Die alte Frau Rat Goethe hatte sie ihr gestanden, nachdem in der Ferne das Signal einer Postkutsche ertönt war, und sie zeigte Bettine zur Untermauerung sogar die sternförmige Narbe am Knie, die der Sturz hervorgerufen hatte und die noch immer zu sehen war.

Die erste Liebe von Goethes Mutter war natürlich mehr kindliche Schwärmerei einer Heranwachsenden als alles andere. Es gab kein »geheimes Liebesverständnis«. Wer weiß, ob der Kaiser sie in der Realität überhaupt jemals richtig wahrgenommen hatte? Sie hatte das nur erfunden, hatte sich in ihrer Fantasie ihr eigenes Märchen geschaffen, in dem der Prinz eben König und Kaiser war. Das schmälerte nicht die intensiven Gefühle des Backfischs, aber sie waren »eine Leidenschaft, die gleich im Entstehen eine Chimäre war« – unterschwellig war ihr das selbst damals schon bewusst. Deswegen konnte sie wohl auch immer großzügig darüber hinwegsehen, dass der angehimmelte Mann Frau und Kinder besaß. Wegen solcher Nebensächlichkeiten gibt man schließlich keinen Traum auf, wie auch die nächste Geschichte zeigen wird!

»UNERHÖRTE ANSTRENGUNGEN«

Sophie von Bethmann-Metzler & Friedrich Wilhelm II. von Preußen

Auf mehreren Basaltblöcken ruht ein massiver Marmorwürfel. Darauf sind ein Rammbock mit Widderkopf sowie Helm, Schild, Keule und Löwenfell des Herkules drapiert. Ebenso wie die seitlichen Inschrifttafeln, auf denen die Namen von zweiundachtzig Gefallenen verzeichnet sind, wurden sie aus der Bronze französischer Beutekanonen gegossen. Das Denkmal symbolisiert den Gedanken »Vertei-

digung gründet auf Stärke«. 1973 wurde es im Zuge einer geänderten Verkehrsführung um etliche Meter stadtauswärts versetzt und im Winkel von Eschenheimer Anlage und Friedberger Landstraße aufgestellt. Ursprünglich stand es am früheren Friedberger Tor, das am 2. Dezember 1792 Schauplatz dramatischer Kampfhandlungen war. Französische Revolutionstruppen unter General Custine hatten Frankfurt seit Oktober besetzt, doch zum Glück dauerte es nur sechs Wochen, bis ein preußisch-hessisches Heer die belagerte Stadt zurückgewinnen konnte, indem es das Friedberger Tor einrannte. Da die Hessen unter Führung von Prinz Carl von Hessen-Philipsthal in den ersten Reihen gekämpft und die schwersten Verluste erlitten hatten, stiftete der preußische König Friedrich Wilhelm II. das Monument 1793 zu ihrem Gedenken. Gut möglich, dass er bei der feierlichen Enthüllung des Hessendenkmals nicht nur an die zurückliegende militärische Erstürmung, sondern auch an seine derzeitigen privaten Eroberungspläne dachte, die einer jungen, anmutigen Frankfurterin galten: Sophie von Bethmann-Metzler.

Der König hatte sie am 6. Januar 1793 auf einem Ball im Palais Thurn und Taxis zum ersten Mal gesehen und sofort eine tiefe Zuneigung zu ihr gefasst. Die achtzehnjährige Anna Sophie Elisabeth war die Tochter des Kaufmanns Peter Heinrich Metzler, der nach der Hochzeit mit Katharina Elisabeth »Elise« Bethmann Teilhaber des Bankhauses »Gebrüder Bethmann« geworden war und sich von da an Bethmann-Metzler nannte. Sie war eine »ausgezeichnete Schönheit«, wie Marie Belli-Gontard in ihren »Lebens-Erinnerungen« festhielt, »begabt mit Witz, Heiterkeit, Verstand und Herzensgüte«.

Friedrich Wilhelm, am 25. September 1744 in Berlin als Neffe Friedrichs des Großen geboren, hatte vom Volk den Spitznamen »Der dicke Lüderjahn« (Taugenichts) verliehen bekommen. Seine Jugend war von einem zügellosen Lebensstil geprägt, den er auch nach der Thronbesteigung 1786 nicht ablegte. Der zeitgenössische Berliner Bildhauer Gottfried Schadow fand deftige Worte für seine Regentschaft: »Zur Zeit Friedrich Wilhelms II. herrschte die größte Liederlichkeit, alles besoff sich in Champagner, fraß die größten Leckereien, frönte allen Lüsten. Ganz Potsdam war ein Bordell; Frauen und Töchter bot man um die Wette an, die größten Adeligen waren die eifrigsten.« Auf sittlichem Gebiet war der König wahrlich kein gutes Vorbild: Nach einer Scheidung wegen Untreue war er zum zweiten Mal rechtmäßig verheiratet; außerdem war er ebenfalls zum zweiten Mal »zur linken Hand« (unstandesgemäß) vermählt. Parallel dazu pflegte er noch viele außereheliche Aktivitäten.

Der Preuße, in seiner Heimat nicht gerade hochverehrt, genoss die Wertschätzung, die ihm in Frankfurt widerfuhr, als er die Stadt nach ihrer Befreiung im Dezember 1792 zum Hauptquartier machte und bis zum Frühjahr 1793 im vornehmen Gasthof »Rotes Haus« auf der Zeil logierte. Goethes Mutter schrieb im März 1793 an ihren Sohn: »So wie der König von uns geliebt wird, ist wohl schwerlich noch ein Monarch geliebt worden.« Diese Monate, in denen viele Offiziere, Fürsten und Diplomaten an den Main kamen und hier für ungeheuren Glanz sorgten, sind als »Preußenwinter« in die Frankfurter Geschichte eingegangen.

Friedrich Wilhelm sah Sophie in dieser Zeit mehrmals, bei unterschiedlichen Gelegenheiten, aber erst Mitte März war es ihm vergönnt, kurz mit ihr zu sprechen. Die militärischen Erfolge ließen den Achtundvierzigjährigen sich jünger fühlen, als er war, und so begann er mit großer Inbrunst, um die Bankierstochter zu werben. Mehr als ein Jahrhundert lang wusste man davon nur durch flüchtige und meist sehr subjektive Bemerkungen verschiedener Zeitzeugen. 1929 wurde dann fast die gesamte in französischer Sprache abgefasste Korrespondenz zwischen den beiden in Frankfurter Privatbesitz gefunden und im selben Jahr noch von dem Historiker Richard Schwemer publiziert; es handelt sich hierbei um die originalen Briefe des Königs und die von Sophie eigenhändig formulierten Antwortentwürfe.

Am Abend des 22. März griff der Monarch im Feldlager bei Kelsterbach zur Feder und wandte sich erstmals schriftlich an die Angebetete. Zunächst bat er darum, ihr ab und zu schreiben zu dürfen, dann wünschte er sich, vielleicht auch einmal von ihr Nachricht zu erhalten, und unterzeichnete: »Ich bin auf ewig, Mein Fräulein, Ihr ergebener Diener Fr. W.« Sophie reagierte bereits zwei Tage später, und zwar sehr diplomatisch: »Ich erkläre mir die Güte, die Ihre Majestät für mich haben, mit der Güte, die Sie für alle Welt haben, nur daß ein unbedeutendes Wesen wie ich sich dieser Güte nicht würdig fühlt.« Am Ende beschwor sie ihn, »ewig überzeugt zu sein von der vollendetsten Ehrfurcht und Verehrung derer, die diese Zeilen geschrieben hat«. Beglückt über die bloße Tatsache einer Erwiderung jubelte er am 27. März: »Den Feind schlagen und am selben Tag einen Brief von Ihnen, mein Fräulein, empfangen, das ist zuviel Glück auf einmal!« Er ließ ihre wenigen Begegnungen Revue passieren und kam zu dem Ergebnis: »Wir haben uns niemals fünf Minuten lang gesprochen, aber der Ausdruck der Milde und Güte in Ihren Mienen ist meinen Augen immer gegenwärtig und spricht stärker zum Herzen als die schönste Unterhaltung.«

Schon im April wurde der verliebte König kühner und schlug ein Tête-à-Tête am Frankfurter Forsthaus vor. Er würde dort an einem bestimmten Morgen allein frühstücken und sich über ihre Gesellschaft sehr freuen. Sophie kam, allerdings in Begleitung ihrer Mutter. Auf die Art konnten die Damen den Ausflug als harmlosen morgendlichen Ausritt kaschieren. Für ihn war der Vormittag trotz Anstandsdame »der Gipfel des Glücks«, weswegen er kurzfristig ein zweite Begegnung an gleicher Stelle anberaumte. Das lehnte Sophie freilich ab, »weil unsere neuliche Promenade allzuviel Gerede unter den Leuten hervorgerufen hat. Schon ehe wir wieder in der Stadt zurück waren, wußte man hier etwas von der besonderen Gnade, die uns durch das Zusammentreffen und durch das gemeinsame Frühstück mit Ew. Majestät zu Teil geworden war und wir wurden mit Fragen bestürmt, die manchmal mit einiger Ironie gewürzt waren.« Und tatsächlich bekam sie damals die ganze Empörung des Gesellschaftsklatsches zu spüren.

Auf eine neue Gelegenheit musste der enttäuschte Verehrer allerdings nicht lange warten. Am 25. April wurde anlässlich der Verlobung seiner Söhne Friedrich Wilhelm und Friedrich Ludwig Karl mit den mecklenburgischen Prinzessinnen ein Maskenball gegeben, zu dem auch Sophie eingeladen war. Hier erzählte sie ihm von einem ernsthaften Bewerber um ihre Hand, einem gewissen »J«. Doch die Information beflügelte ihn eher, als dass sie ihn abschreckte. Er glaubte, aus ihrer Wortwahl schließen zu können, sie wäre darüber nicht allzu glücklich, und warnte sie noch in der Ballnacht schriftlich, sich nicht zu binden, wenn sie sich ihrer Gefühle nicht sicher wäre. Nachdem er fast zwei Wochen lang vergeblich auf Antwort gewartet hatte, besuchte er am 7. Mai in Frankfurt das Theater. Dort schlug ihm von allen Seiten Eiseskälte entgegen. Vermutlich hatte die Familie Bethmann diesen Stimmungsumschwung zu verantworten, denn sie und insbesondere ihr Bankhaus pflegten beste Kontakte mit dem österreichischen Kaiser und konnten sich eine weitere Annäherung an den Preußen aus diesem

Grund kaum leisten. Und die Stadt Frankfurt war sowieso traditionell kaisertreu. Zudem lag die ganze Sympathie ihrer Bürger bei Joachim von Schwarzkopf, jenem ominösen »J«, dem Sophie versprochen war. Ob aus freien Stücken oder gezwungenermaßen, Sophie bat den König am 18. Mai, sie nicht weiter zu bedrängen, doch der ignorierte ihre Bitte geflissentlich; stattdessen erklärte ihr seine ewig Liebe. Dann vertagte er das Problem erst einmal: »Leben Sie also wohl, Freundin, ich gehe jetzt fort, um in die Vogesenberge einzudringen.« Dazu konnte er sich dann aber doch nicht entschließen und versuchte alles, um ein neuerliches Rendezvous herbeizuführen. Als seine Bemühungen nicht fruchteten, war er angeblich bereit, sich endgültig von ihr loszureißen. Ob man sich nicht an ihrem Gartentor treffen oder – noch besser – er von ihren Eltern nicht zum Essen eingeladen werden könnte? »In irgendeiner Weise hoffe ich, Abschied von Ihnen nehmen zu können. Es würde mir unmöglich sein, dies vor aller Welt tun zu müssen. Ich habe mich mehr in der Gewalt als viele andere; das aber ginge über meine Kräfte!« Sophie wehrte sich gegen dieses Begehren aus Angst um ihren Ruf und berichtete Friedrich Wilhelm, dass die Verleumdungen ihrer Umgebung sie krank gemacht hätten. »Ich habe wegen Ew. Majestät sehr viel Kummer und Demütigungen erfahren, und Gott weiß doch, daß ich unschuldig bin.«

Es hätte dem König gut angestanden, sich jetzt für immer zurückzuziehen, doch er bombardierte sie weiterhin mit Liebesbeteuerungen und überhäufte sie mit »kleinen Aufmerksamkeiten«, zu denen auch eine englische Stute gehörte. Die junge Frau traute sich nicht, den Briefwechsel ihrerseits zu beenden, weil sie ihn aus persönlichen und politischen Gründen nicht brüskieren und dadurch zum Feind machen wollte. Als Friedrich Wilhelm davon hörte, dass die Familie für längere Zeit verreisen wollte, notierte er bewegt: »Der traurige Augenblick ist also gekommen, wo ich Ihnen für immer Lebewohl sagen muß, wo jede schmeichelhafte Hoffnung für die Zukunft zerstört ist. Ihr Bild wird immer in leuchtenden Zügen in meinem Herzen bleiben.« Als letzten Gefallen erbat er einen von ihr getragenen Handschuh. »Er wird mich niemals verlassen bis zum Grabe.« Sie erfüllte ihm diesen Wunsch und so blieb es nicht bei dem vermeintlich letzten Brief des Königs. Im nächsten sandte er ihr ein Büschel seiner Haare und ersuchte sie im Gegenzug um einen aus ihren Haaren geflochtenen Ring. Bald darauf unterbreitete er ihr das Angebot, sie zur Gräfin von Brandenburg zu machen und dann mit ihr die morganatische (unstandesgemäße) Ehe einzugehen. Obwohl sie dieses Ansinnen genauso wie jede weitere Verabredung weit von sich wies, gab Friedrich Wilhelm nicht auf, sondern erwog sogar Sophie zuliebe die Scheidung von seiner rechtmäßigen Frau, von der er schon lange getrennt lebte.

So verging die Zeit. Vor seinem geplanten Aufbruch nach Polen im Oktober 1793 besuchte der preußische Herrscher noch einmal Frankfurt und es gelang ihm tatsächlich, Sophie wiederzusehen, wenngleich bloß unter Aufsicht auf dem Landsitz der Familie.

Danach klagte der zutiefst verzweifelte König der geliebten Frau: »Amor hat Custine zu einer gründlichen Rache für den Schlag verholfen, den ich ihm versetzt habe: er hat mir eine völlige Niederlage beigebracht. Ich bin absichtlich vor Tagesanbruch aufgebrochen. Ich hatte ganz rote Augen wie eine alte Hexe, und ich hatte glücklicherweise meinen runden Hut aufgesetzt, um mein Gesicht zu verbergen (...) Die zwei Tage, an denen ich Sie wiedergesehen, wieder gesprochen habe, werden vielleicht die letzten schönen Tage meines Lebens sein!« Die Kriegsereignisse in Polen verhinderten die baldige Rückkehr des Königs, aber die Korrespondenz mit Frankfurt hielt er weiter aufrecht. Seine Schreiben wechselten dabei zwischen Resignation und Hoffnung. Sophie beschränkte sich immer stärker darauf, ihm von den gesellschaftlichen Vorkommnissen ihrer Heimat zu berichten und ansonsten keine schlafenden Hunde zu wecken ...

Im August 1794 glaubte sie sich am Ziel. Friedrich Wilhelm versicherte ihr in melancholischer Stimmung, er wäre gewillt, die Erinnerung an ihr letztes Zusammensein im Landhaus ein für alle Mal auszulöschen und alles zu vergessen, auch den Garten und jene »lieben grünen Bänke«, wo er »so viel geseufzt« habe. Von nun an wurde der Briefwechsel seltener und harmloser. Darum traf es sie umso überraschender, als der Monarch im Oktober des darauf folgenden Jahres schriftlich auf eine endgültige Entscheidung und »Klarheit binnen 14 Tagen« drängte. Von ihrer Seite gab es schon längst keine Unklarheiten mehr. Das teilte sie ihm mit. Nun fühlte er sich aus unerklärlichen Gründen von ihr getäuscht: »Es ist ein verborgener Superlativ in Ihrem Wesen. Sie sind entweder ein Engel oder ein Dämon. Wenn Sie mich wirklich nicht wiedersehen wollen, so muß ich glauben, daß Sie das Letztere sind, aber den Schein erwecken wollen, das Erstere zu sein.« Erst am 29. Dezember 1795 kapitulierte er endgültig und sagte ihr zum wiederholten, aber diesmal wirklich letzten Mal Lebewohl: »Unerhörte Anstrengungen haben meine Leidenschaft heruntergestimmt auf die zarten Gefühle, die ein Bruder für eine angebetete Schwester hegen kann, und diese Gefühle werden erst mit meinem letzten Seufzer aufhören. Ich hoffe jetzt zwar, Sie nie wiederzusehen, aber lieben werde ich Sie trotzdem immer!«

Der privat und politisch so glücklose Friedrich Wilhelm II. starb nur knapp zwei Jahre nach diesem Brief, am 16. November 1797 in Potsdam.

Bereits am 2. November 1796 hatte Sophie von Bethmann-Metzler ihren Verlobten, den acht Jahre älteren königlich-großbritannischen und kurbraunschweigischen Gesandten Joachim von Schwarzkopf, geheiratet. Er wurde später mit seinen Veröffentlichungen über das Zeitungswesen zum ersten deutschen »Pressehistoriker«. Diese Verbindung wurde in Frankfurt allseits begrüßt. Elisabeth Goethe vermerkte befriedigt, Sophie hätte »durch ihre Wahl viel bei mir und dem ganzen Publikum gewonnen«. Das Paar lebte auf der Grüneburg und machte das Hofgut der Familie Bethmann-Metzler zum gesellschaftlichen Treffpunkt der Stadt. Es bekam sechs Kinder. Sophie und Joachim starben beide schon 1806, im Abstand von zwei Monaten.

Wenn Sie bei Gelegenheit an der Friedberger Landstraße vorbeikommen und auf der einen Seite das Hessendenkmal, auf der anderen Seite den Bethmannpark liegen sehen, in dem sich bis zur Zerstörung im Zweiten Weltkrieg der Landsitz der Familie befand, dann nehmen Sie sich doch mal einen Moment Zeit und denken Sie an diese seltsame Liebesgeschichte, die unsere Stadt damals ganz schön auf Trab gehalten hat.

BELASTBARE LIEBE

Sie haben es sicher schon gemerkt, wir befinden uns, was die Abkunft der Protagonisten in diesem Kapitel betrifft, auf dem absteigenden Ast, aber der »Niedergang« vollzieht sich im Schneckentempo, vom Kaiser über den König und jetzt zu einer Königstochter. Nehmen Sie es einfach gelassen und freuen Sie sich dafür zur Abwechslung mal wieder auf ein Happy End!

Einhard war Schreiber Karls des Großen und später auch dessen Chronist. In seiner »Vita Caroli Magni« berichtet er wiederholt lang und breit von den schlaflosen Nächten seines Gebieters, erwähnt aber nicht ein einziges Mal dessen Tochter Imma. Dafür gab es gute Gründe: Nicht lange nachdem er am königlichen Hof angekommen war, entbrannte sein Herz für Imma. Sie war die Lieblingstochter des fränkischen Königs und erwiderte seine Liebe, aber beide kamen überein, ihre Gefühle nicht zur Schau zu tragen, denn die Beziehung zwischen einem armen Höfling und einer Prinzessin ziemte sich nicht. Also sahen sie sich heimlich, was während der warmen Jahreszeit kein Problem

war, weil sie sich ein Versteck im Freien suchen konnten. Doch dann wurde es kälter und sie mussten das Risiko eingehen, sich in Immas Gemächern zu treffen. Das ging verständlicherweise nur nachts, wenn alles schlief und Einhard den Schutz der Dunkelheit ausnutzen konnte.

Einmal, es war um Weihnachten herum, Karl hatte gerade mit seinem ganzen Hofstaat die Frankfurter Pfalz bezogen, besuchte Einhard die Geliebte wie verabredet. Aber als er sie im Morgengrauen wieder verlassen wollte, hatte es inzwischen geschneit. Würde er nun zu seiner Unterkunft laufen, würden ihn seine Fußstapfen im frisch gefallenen Schnee verraten. Einhard war vor Schreck wie gelähmt, aber Imma wusste Rat. Sie nahm ihn flugs auf den Rücken und trug ihn zu seinem Zimmer. Ein überzeugendes Beispiel für die Belastbarkeit dieser Liebe! Dann ging sie zurück und verwischte dabei sorgsam alle Spuren. Beide glaubten, alles bestens geregelt zu haben, und legten sich guten Gewissens zu Bett. Der König hatte jedoch auch in dieser Nacht keine Ruhe finden können und das seltsame Treiben genau beobachtet. Er verstand sofort, was sich da vor seinen Augen abgespielt hatte. Nachdem er sich am nächsten Morgen mit seinen Ratgebern besprochen hatte, rief er den Gelehrten zu sich und verwies ihn mit harten Worten des Hofes. Er durfte nur noch das Notwendigste zusammenpacken, dann wurde er von Bütteln abgeführt, die ihn auf die andere Mainseite übersetzten. Als Imma später erfuhr, was geschehen war, wollte sie mit ihrem Vater reden, doch der ließ sie nicht vor. Ohne sich lang zu besinnen, stahl sie sich darum in der nächsten Nacht aus der Pfalz und folgte ihrem Liebsten in die Verbannung.

Jahre vergingen und niemand wusste, was aus den beiden geworden war. Karl der Große schmerzte der Verlust seiner Tochter unendlich und er ließ vergeblich nach ihr forschen. Eines Tages führte ihn die Jagd von Frankfurt aus mainaufwärts. In der Wildnis verirrte er sich, traf aber zum Glück auf zwei spielende Kinder, die ihn zu einer kleinen Fischerkate führten, wo er von der Mutter der beiden freundlich aufgenommen und mit Speis und Trank versorgt wurde. Im Dunkel der ärmlichen Behausung konnte er das Antlitz seiner Gastgeberin nicht genau erkennen, zumal sie ihn immer mit abgewandtem Gesicht bedient hatte, aber als er die Gesichter der Kinder näher betrachtete, kamen sie ihm merkwürdig vertraut vor, und auf einmal fiel es ihm wie Schuppen von den Augen: Er hatte seine verschollene Tochter wiedergefunden. Außer sich vor Glück umarmte er sie, der er längst verziehen hatte, und freute sich am Anblick seiner Enkel, als Einhard in die Tür trat, der gerade vom Fischen zurückkam. Er erkannte den Herrscher und fiel vor ihm auf die Knie, doch dieser zog ihn zu sich empor. Gern hätte er nun alle wieder an seiner Seite gesehen, doch sie wollten den Ort nicht verlassen, an dem sie so lange zufrieden gelebt hatten, darum schenkte er ihnen reiche Güter in der Nähe und ließ an der Stelle der dürftigen Hütte eine prächtige Abtei erbauen. Die Stätte der Familienzusammenführung heißt seitdem Seligenstadt und auf einem der bekanntesten Fachwerkhäuser dort, dem »Einhardhaus« am Marktplatz, prangt noch heute der angebliche Ausspruch Karls des Großen: »Selig sei die Stadt genannt, da ich die Tochter wiederfand«.

Die Legende des karolingischen Liebespaares, die schon in der Lorscher Chronik aus dem 12. Jahrhundert erzählt wird, inspirierte Georg Philipp Telemann 1728 zu der Oper »Emma und Eginhard – Die lasttragende Liebe«. Friedrich de la Motte Fouqué schrieb 1811 das Schauspiel »Eginhard und Emma« und in Franz Schuberts Werk »Fierrabras« von 1823 tauchen die beiden immerhin noch als Nebenfiguren auf. 2007 erfolgte in Seligenstadt die Uraufführung des Musicals »Eginhard und Imma«.

Das alles macht die Geschichte aber leider nicht wahrer, wenngleich einige Teile davon stimmen. Einhard oder Eginhard, geboren um 770 im Maingau und im Kloster Fulda erzogen, war tatsächlich Schreiber und Biograf Karls des Großen, sogar sein Vertrauter, er begleitete ihn auf vielen Reisen und war in diplomatischer Mission für ihn tätig. Nicht zuletzt heiratete er auch eine Imma oder Emma, aber sie war keine Prinzessin, sondern die Schwester des Bischofs Bernhard von Worms. Vorbild für die »sagenhafte« Imma war wohl Karls aus der Ehe mit Hildegard stammende Tochter Bertha, die 814 des Hofes verwiesen wurde, weil sie eine uneheliche Beziehung zu einem Geistlichen namens Angilbert hatte. Und das Kloster Seligenstadt wurde zwar von Einhard gegründet, allerdings erst viele Jahre nach Karls Tod. In der dortigen Kirche, der sogenannten Einhardsbasilika, sind der am 14. März 840 verstorbene Stifter und seine bereits vier Jahre zuvor verschiedene Gemahlin beigesetzt.

DIE MADONNA VOM STEINERNEN HAUS

Nachdem eben also die bedingungslose Liebe über scheinbar unüberwindliche Standesgrenzen gesiegt hat, müssten Sie ja wieder für das nächste Drama gerüstet sein ...

In Frankfurts Altstadt steht am Markt das »Steinerne Haus« aus dem 15. Jahrhundert, das nach der Zerstörung im Zweiten Weltkrieg wieder aufgebaut worden ist. Seinen Namen verdankt es dem Umstand, nicht wie seine mittelalterlichen Nachbarn aus Holz errichtet worden zu sein, sondern aus dem wesentlich teureren Material Stein. Tatsächlich war sein Erbauer, Johann Melem I., auch »steinreich«. Am 12. Juli 1433 in eine geachtete Kölner Kaufmannsfamilie hineingeboren, die hauptsächlich mit schwerem Wolltuch aus dem Großraum Aachen handelte, kam er schon als junger Mann das erste Mal auf die Frankfurter Messe. Mit einundzwanzig Jahren führte er die aus hiesigem Patriziergeschlecht stammende Gredge von Dorfelden zum Traualtar und schuf dadurch eine wichtige Voraussetzung für den Erwerb des Frankfurter Bürgerrechts zwei Jahre später. Zunächst blieb er zwar im Besitz der »doppelten Staatsbürgerschaft« und pendelte noch häufig zwischen der Rhein- und der Mainstadt hin und her, doch im Lauf der Zeit verlagerte sich sein Lebensmittelpunkt immer mehr nach Frankfurt. 1464 durfte sein damals ungefähr zehnjähriger Sohn Johann II. den Grundstein für das neue Haus legen, das durch seine ausgesprochen repräsentative Fassade beeindrucken sollte und dadurch den eher zum Understatement neigenden Frankfurtern ein Dorn im Auge war. Den Neubürger kümmerte das wenig. Er mehrte seinen Besitz und verfolgte beharrlich sein Ziel, sich nicht nur in geschäftlicher, sondern auch in sozialer Hinsicht immer stärker zu etablieren. Das Engagement sollte von Erfolg gekrönt sein: 1473 erhielt er von Kaiser Friedrich III. das Recht verliehen, ein Wappen führen zu dürfen. Er wählte den

Krebs, vermutlich wegen des ersten Wohnsitzes der Familie, dem Haus »Zum Krebs« am Fahrtor. Man kann dieses Wappen heute noch über der ehemaligen Tordurchfahrt des Gebäudes bewundern. Spätestens 1479 gehörte die Familie dann auch der Gesellschaft Frauenstein an, einer der vier Frankfurter Patriziervereinigungen, die eine führende Rolle im politischen Leben der Stadt spielten.

Wer so viel Wert auf Anerkennung legt, der hat auch mit seinen Kindern große Pläne. Johann II. sollte selbstverständlich einmal die Firma weiterführen. Die beiden Töchter Katharina und Ursula waren bestmöglich unter die Haube zu bringen. Bei Katharina gelang das hervorragend; sie wurde die Gattin von Jakob Heller, dem reichsten Mann Frankfurts. Auch die jüngere, wunderschön und vom Vater besonders geliebt, bekam Avancen von vielen respektablen Männern und doch wollte sie sich für keinen von ihnen entscheiden. Er ließ sie lange gewähren, zumal er es auch genoss, sie noch ein bisschen für sich haben zu können. Doch irgendwann hatte seine Geduld ein Ende und er wählte aus den Bewerbern einen Kölner Kaufherrn aus, wohlhabend und von ausgezeichneter Reputation. Als er Ursula von seinem Entschluss in Kenntnis setzte, wagte sie zwar aus Gehorsam nicht zu widersprechen, reagierte aber auch nicht gerade begeistert. Johann fiel ihr mangelnder Enthusiasmus gar nicht auf. Er stürzte sich nun in die Hochzeitsvorbereitungen. Wäre es nicht eine wundervolle Idee, aus diesem Anlass eine Madonnenstatue am Familienstammsitz aufstellen zu lassen? Er hörte sich unter seinen Geschäftsfreunden um und die empfahlen ihm einen aus Frankfurt gebürtigen jungen Steinmetz, der viele Jahre bei italienischen Meistern ausgebildet worden wäre und sein Metier ausgezeichnet verstünde. Der Empfohlene wurde engagiert und bekam einen Raum auf dem Melem'schen Ge-

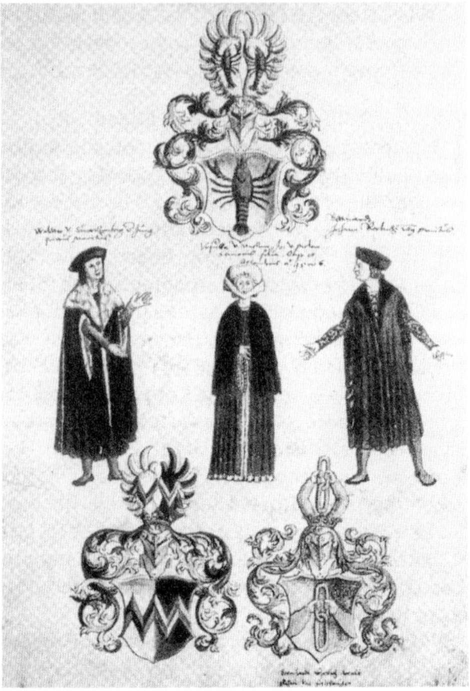

lände angewiesen. Er stellte nur eine einzige Bedingung: Da er nicht gern Zuschauer bei seiner Arbeit hätte, wollte er das Werk erst nach seiner Vollendung zeigen. Etwas irritiert über diese Allüre stimmte Johann zu und schon bald hörte man jeden Tag die Geräusche von Hammer und Meißel aus der Werkstatt dringen.

Ursula war in der Zwischenzeit ganz blass geworden, sie wirkte in sich gekehrt, aß nur noch wie ein Spatz. Das lag daran, dass sie wegen der bevorstehenden Hochzeit wieder stärker an Andreas denken musste, den Nachbarsjungen, mit dem sie als Kind so gern gespielt hatte. Oft hatte sie sich aus dem Haus geschlichen, um mit ihm die Gassen der Altstadt zu erkunden. Der Vater hatte auf keinen Fall davon erfahren dürfen. Weil die Eltern von Andreas ganz arme Leute waren, war ihr Sohn für sie nach seiner Meinung nicht der richtige Umgang. Als sie älter wurden, war aus Freundschaft Liebe geworden, doch weil ihnen eine gemeinsame Zukunft unmöglich schien, hatte Andreas, mittlerweile Steinmetzgeselle, sich enttäuscht auf Wanderschaft begeben.

Dem viel beschäftigten Melem war die Veränderung seines Lieblings völlig entgangen, seiner Frau jedoch nicht. Da sie dachte, Ursula wäre nur wegen der bevorstehenden Hochzeit nervös, wollte sie sie auf andere Gedanken bringen und mit ihr einen Spaziergang unternehmen. Als die beiden über den Hof schritten, trat gerade der Handwerker für eine kurze Pause aus seiner Werkstatt, und obwohl sich die jungen Leute seit vielen Jahren nicht mehr gesehen hatten, erkannten sie sich sofort. Ursula gab Andreas schnell einen Wink, nichts zu verraten, und ging mit der Mutter aus dem Haus. Seitdem aber trafen sie sich so oft wie irgend möglich. Der Bursche berichtete davon, wie es ihm in der Fremde ergangen war, dass er seine Jugendliebe nie vergessen, aber gedacht hatte, sie wäre schon längst verheiratet. Den Grund für die Bestellung der Skulptur hatte er nämlich gar nicht erfahren. Umgekehrt war das Mädchen nicht darauf gekommen, dass es sich bei dem beauftragten Steinmetz um ihn handeln könnte. Zunächst waren beide über das Wiedersehen überglücklich, doch bald wurde ihnen klar, dass ihre Liebe heute genauso aussichtslos war wie früher. Der große und bedeutende Handelsmann würde der Ehe seiner Tochter mit einem einfachen Handwerker niemals zustimmen, ganz egal wie gut dieser in seinem Beruf war!

Trotzdem konnten sie nicht voneinander lassen und sahen sich auch weiterhin heimlich.

Dann wurde der Hochzeitstermin festgelegt und Johann bat Andreas darum, die Madonna zügig zu vollenden. Er tat wie ihm befohlen. Als eines Morgens, die Ankunft des Bräutigams war bereits angekündigt worden, kein Hämmern mehr im Haus zu vernehmen war, rannte Ursula voller Angst in die Werkstatt, doch die war vollkommen leer und Andreas verschwunden. Er hatte sich noch nicht einmal den ausbedungenen Lohn auszahlen lassen. In der Mitte des Raumes stand auf einem Podest die Mutter Gottes mit dem Jesusknaben. Sie war von makelloser Schönheit. Als Ursula sie erblickte, schlug sie fassungslos die Hände über dem Kopf zusammen und fing an zu weinen. Auch die Eltern entdeckten gleich, dass es sich dabei um das exakte Ebenbild ihrer Tochter handelte. Mit einem Schlag wurde ihnen alles klar. Als ihr völlig aufgelöstes Kind sie anflehte, die Hochzeit abzusagen, gewähr-

Seite 129, Kapitel VI

ten sie ihm diese Bitte. Und sie respektierten schweren Herzens auch Ursulas Wunsch, für immer ledig bleiben und ihr Leben den Armen und Bedürftigen widmen zu wollen. Die Marienstatue wurde trotz alledem am »Steinernen Haus« angebracht und in den kommenden Jahren zum Sinnbild für die große Mildtätigkeit der Ursula von Melem. Das Volk verehrte die Figur noch lange nach dem Tod ihres Vorbilds im Jahre 1526.

Bleibt zum Schluss noch *eine* Kleinigkeit anzumerken, nämlich dass Ursula laut erhaltenem Familienbuch der Melems zweimal verheiratet gewesen ist: erst mit Walter Schwarzenberg und nach dessen Tod mit Bernhard Rohrbach; beide waren patrizischen Geblüts. Aber seien Sie jetzt bitte nicht »so traurig wie die Madonna am Steinernen Haus«, wie man im alten Frankfurt zu sagen pflegte! Wenn Sie das nächste Mal am ehemaligen Wohnsitz der Melems vorbeigehen, betrachten Sie doch mal die Skulptur an der Ecke zum Römerberg im ersten Stock. Obwohl es sich nur noch um eine Nachbildung handelt, weil das Original im Krieg stark beschädigt wurde, kann man sich noch immer ganz wunderbar einbilden, dass ihr ebenmäßiges Gesicht das Porträt einer unerreichbaren Liebe ist.

»DAS IRRLICHT HOFFNUNG«

Katharina Elisabeth Goethe & Karl Unzelmann

Jetzt wird es aber mal wieder Zeit für einen handfesten Skandal. Dazu kommen wir noch einmal auf Goethes Mutter zurück, von deren Jungmädchenfantasien ja bereits berichtet worden ist. Es gab in ihrem Leben noch eine zweite große Liebesgeschichte. Dazwischen lag allerdings eine fast vierunddreißig Jahre dauernde Vernunftehe, die nach dem Willen ihres Vaters am 20. August 1748 zwischen der gerade mal Siebzehnjährigen und dem einundzwanzig Jahre älteren Johann Kaspar Goethe geschlossen worden war. Die zwei verschiedenen Generationen angehörenden Ehegatten waren auch in vielen anderen Punkten sehr unterschiedlich. Ihnen ist sicherlich das Zitat von Johann Wolfgang Goethe geläufig, das diese Diskrepanz sehr schön widerspiegelt:

Vom Vater hab ich die Statur,
Des Lebens ernstes Führen,
Vom Mütterchen die Frohnatur
Und Lust zu fabulieren.

Es gelang den Eltern aber nach anfänglichen Problemen mehr oder weniger gut, sich miteinander zu arrangieren, und sie fanden einen für beide Parteien akzeptablen Modus Vivendi. Darüber ist schon viel geschrieben worden und das soll daher hier nicht länger Gegenstand sein. Wenden wir uns lieber einer ungleich spannenderen Beziehung der »Frau Aja« zu, wie sie von Freunden ihres Sohnes in der Sturm- und Drangzeit liebevoll getauft worden war.

Bereits während ihrer Ehe hatte sie eine enorme Begeisterung für das Theater entwickelt. Am liebsten hätte sie jeden Tag eine Vorstellung besucht. Es gibt wunderschöne Anekdoten darüber, wie weit diese Passion ging. Zum Beispiel fühlte sie sich so sehr in die Handlung der Stücke ein, dass sich ihre Sitznachbarn ein ums andere Mal zu der Erklärung bemüßigt fühlten: »Sie spielen's nur!« Bettine von Arnim überliefert den Vorfall, dass Frau Rat im wegen der Hitze nur halbvollen Schauspielhaus in Richtung Bühne rief: »Sie können anfangen, ich bin da!« Außerdem soll sie die Akteure auch häufiger während der Vorstellungen von ihrem Platz aus angesprochen haben, um Kritik zu äußern.

Es waren aber nicht nur die Inszenierungen, das ganze Künstlermilieu faszinierte sie und so suchte sie nach dem Tod ihres Mannes auch privaten Kontakt zu den Schauspielern. Am 19. April 1784 debütierte am Frankfurter Komödienhaus Karl Wilhelm Ferdinand Unzelmann. Der talentierte Schauspieler hatte schon in vielen großen Städten gastiert, darunter Berlin, Dresden, Leipzig und Hamburg, als er zum Ensemble von Gustav Friedrich Großmann nach Frankfurt stieß. Als Frau Aja ihn das erste Mal sah, war es von einem Augenblick auf den anderen mit ihrer berühmten inneren Ausgeglichenheit vorbei. Sie wusste selbst nicht, wie ihr geschah. Es war die sprichwörtliche Liebe auf den ersten Blick! Später bewertete sie diese Zeit zugleich als die glücklichste, aber auch bewegteste und stürmischste ihres Lebens. Zwischen der dreiundfünfzigjährigen Witwe und dem einunddreißig Jahre alten Künstler »entwickelte sich ein kompliziertes, von erotischen Zwischentönen knisterndes Verhältnis«, wie es eine Goethe-Biografin sehr schön formuliert. Die frisch Verliebte versäumte keinen seiner Auftritte und hatte dann nur noch Augen für ihn, er machte es sich wiederum zur Gewohnheit, nach jeder Darbietung zu ihrer Loge hinaufzuschauen.

Daran änderte auch die Tatsache nichts, dass Unzelmann 1785 die siebzehnjährige Friederike Konradine Auguste Flittner, Stieftochter von Direktor Großmann, heiratete.

Das Schauspielerpaar war nun oft bei Frau Aja im Großen Hirschgraben zu Gast und genoss die üppige Bewirtung. Lange genug war Goethes Mutter vernünftig gewesen, nun wollte die durch ihre Gefühle wieder jung gewordene Frau nicht mehr sparen, sondern ihre Leidenschaft leben. Sie kaufte sich eine neue Garderobe, teuren Schmuck und modernisierte ihr Haus. Unzelmann erhielt eine Unmenge von Geschenken, wie aus ihren Ausgabebüchern hervorgeht. Als sie mitbekam, dass er notorische Geldsorgen hatte und die Gläubiger bei ihm Schlange standen, beglich sie mehrmals seine Schulden. Sie lieh ihm außerdem auch Möbel, Kleidung, sogar Bücher und Noten. Täglich gingen zwischen den beiden Verschwörern Zettel, Ankündigungen und Verabredungen hin und her. Seine junge Frau beobachtete das eifersüchtig und erzählte später über ihren Mann, von dem sie 1803 geschieden wurde: »Er flatterte und flunkerte überall umher, war alltäglich verliebt und allwöchentlich in eine andere, endlich sogar in die Frau Rat, die Mutter Goethes, die ihn so beherrschend gängelte, daß ich nichts ohne ihren Einfluß tun durfte. Ich war eine siebzehnjährige unbedachtsame Frau, eitel auch, und meinte: zieht er dir eine vor, die hübscher ist als du, so wäre das zu begreifen, aber die Frau Rat!«

Von dem hier angedeuteten leichtfertigen Lebenswandel ihres Geliebten erfuhr Aja wohl nie etwas. Während der Beziehung zu ihr hatte er mindestens eine weitere Affäre. Später betrog er auch seine Gattin des Öfteren. Er war eben ein in mehr als einer Hinsicht unsteter Charakter. Gleichzeitig muss der äußerlich nicht sonderlich attraktive Mann – er war groß und hager – eine überwältigende Ausstrahlung besessen haben. Er wird von Zeitgenossen als charmant, gesellig und herzlich beschrieben. Er war ein allseits geschätzter Komiker und gab in seinem privaten Umfeld gerne Kostproben dieser Begabung. Die Mischung aus Redegewandtheit, Humor und dem Hang zur Selbstinszenierung zog Aja immer wieder in seinen Bann.

Durch sein hitziges Temperament geriet ihr Angebeteter bedauerlicherweise ständig in Streit, sowohl mit Kollegen als auch mit der Intendanz. Nach Großmanns Weggang aus Frankfurt 1786 legte der neue Pächter Johann August Tabori den größeren künstlerischen Schwerpunkt auf die Oper und besetzte das Ensemble dafür neu. Unzelmanns Stern begann zu sinken. Nach weiteren Kulissenfehden nahm er deswegen Kontakt nach Berlin auf und kam dort 1788 unter Vertrag. Frau Aja machte damals ihren ganzen Einfluss geltend, um ihm in Frankfurt bessere Konditionen zu verschaffen und ihn dadurch halten zu können. Er dankte es ihr nicht, sondern verschwand mit seiner Frau in einer Nacht-und-Nebel-Aktion aus der Stadt, ohne sich zu verabschieden.

Für die Verlassene brach verständlicherweise die Welt zusammen. Sie umschrieb den Schock: »Hier war Blitz und Schlag eins.« Lange fühlte sie sich »krank an Leib und Seele« und reagierte mit körperlichen Beschwerden auf ihr seelisches Leid. Es dauerte mehrere Jahre, bis sie den Schmerz verarbeitet hatte. Wir wissen von alledem durch die Briefe, mit denen sie den Treulosen in Berlin überschüttete. Darin ließ sie ihren Gefühlen freien Lauf. Bitterkeit, verletzter Stolz und Rachegelüste klingen in ihnen an. Sie hatte schließlich für den feigen Flüchtling ihren guten Ruf aufs Spiel gesetzt. Nicht nur in Theaterkreisen hatte sich die Liaison schnell herumgesprochen, auch in der feinen Frankfurter Gesellschaft. Nun musste sie mit dem Spott und der Schadenfreude der anderen fertig werden, die »suchen und spähen, ob in meinen Augen Traurigkeit wahrzunehmen ist (...) Habe ich nicht schon genug um Ihretwillen geduldet, vergeben, getragen, gelitten, und nun noch dieses Schreckliche alles Schrecklichen – O! Schicksal, womit habe ich das verdient!« Er hatte ihr nicht nur die Freude an ihrer großen Leidenschaft, dem Theater, sondern auch den Glauben an die Liebe genommen. Resigniert fragte sie: »Was kann eine Frau, der in der Welt alles gleichgültig geworden ist – die keine Gefühle für nichts mehr hat – die in allen Hoffnungen auf das schrecklichste getäuscht worden ist – die den Glauben an Menschen verloren hat – was soll die schreiben? (...) Soll sie immer noch Schlösser in die Luft bauen – dem Irrlicht Hoffnung aufs neue trauen, um aufs neue betrogen zu werden? Nein, mein trauter Freund! Für mich ist alles vorbei – mit mir ist's aus.«

Zumindest zu Anfang scheint Unzelmann seinen Schritt fast bereut zu haben und schrieb nach Frankfurt: »O! Elisabeth, was habe ich getan!« Sie bat ihn daraufhin: »O! Täuschen Sie mich nicht wieder! O! Blasen Sie nicht den toten Funken wieder an – überlassen Sie mich lieber meinem Gram, der eine solche Höhe erstiegen hat, wo schwerlich was drüber geht.«

Bei dieser Haltung blieb sie auch, als der in Berlin zunächst ziemlich erfolglose Schauspieler ernsthaft erwog, an den Main zurückzukehren. Sie schrieb voller Panik: »Vor Ihrem Herkommen fürchte ich mich – Sie können leicht begreifen warum!!!» Als er von seiner Idee durchaus nicht abzubringen war, deutete sie an, dass ihn hier außer seinen Gläubigern niemand wirklich herbeisehnte. Damit hatte sie ihn wohl überzeugt. Mit seiner Antwort sandte er ihr einen Ring, den sie ihm zuliebe tragen sollte, was sie auch versprach. Je länger die Trennung jedoch währte, desto besser gelang es ihr, die Dinge nüchterner zu beurteilen. Der Ton ihrer Briefe wurde zunehmend kühler und der Inhalt immer sachlicher. Sie erinnerte ihn beispielsweise in rüdem Ton an ihre Außenstände: »Da dieser Brief ökonomisch anfängt, so will ich etliche Dinge bei Ihnen in Erinnerung bringen, worauf ich mir gefälligste Antwort erbitte.» Seine Reaktion scheint etwas unwirsch gewesen zu sein, worauf sie konterte: »Ich werde doch, ohne Ärgernis zu geben, nach Dingen die mein sind fragen dürfen?»

Der 1792 ausgebrochene Krieg mit Frankreich riss sie endgültig aus ihrem Liebeskummer. Am 22. Januar 1793 schrieb sie zum letzten Mal nach Berlin. Als der ehemalige Geliebte 1805 noch einmal in Frankfurt auftrat, hatte sie für ihn nur die lakonischen Worte übrig: »Herr Unzelmann hat hier ohne Beifall drei Rollen gespielt, und das ganze Publikum wünschte ihm eine glückliche Reise.» Sie dürften sich damals also wohl kaum zu einem privaten Stelldichein getroffen haben.

Seinen Ring bewahrte sie freilich bis zu ihrem Tod auf und vermachte ihn der Enkelin Louise. Ob ihr Sohn, der sich damals schon in Weimar aufhielt, von dieser Zuneigung je erfuhr, wissen wir nicht. Er hätte sie der Mutter wahrscheinlich nie zugetraut und sicher auch aufs Höchste missbilligt. Denn Mesalliancen, insbesondere mit so anrüchigen Personen wie fahrenden Artisten, Theaterleuten usw. waren und sind doch eher »Kavaliersdelikte«, die man Männern mit einem Augenzwinkern nachsieht, während sie den Ruf von Frauen für immer ruinieren können.

KAPITEL VII

MÄCHTIGE LIEBE

Dieses Kapitel beweist, wie viel die Kraft der Liebe auszurichten vermag: Da wird ein Krimineller auf den Pfad der Tugend zurückgeführt, ein fehlgeleiteter König von Geistern auf seinen Irrtum hingewiesen und zur Umkehr bewegt, und zu guter Letzt müssen andersdenkende Eltern sich der Hartnäckigkeit ihrer verliebten Kinder beugen. Wie schon das Sprichwort so richtig sagt: Die Liebe ist eine Himmelsmacht.

DIE NEUN IN DER WETTERFAHNE

Wilddiebstahl wurde in früheren Jahrhunderten keineswegs als Bagatelldelikt angesehen, schon gar nicht in Frankfurt. Bei »Knappern«, wie diese Verbrecher hier genannt wurden, kannte man kein Erbarmen: Wer den Fehler beging, im Stadtwald zu wildern und sich dabei erwischen zu lassen, auf den wartete der Galgen.

Um das Jahr 1550 streifte mal wieder ein solcher Wilderer durch unsere Gegend und erlegte die stolzesten Tiere des Forstes, ohne dass man seiner habhaft werden konnte. Man glaubte schon, er wäre ein Phantom, als es endlich einem Wildhüter gelang, ihn auf frischer Tat zu ertappen und in Gewahrsam zu nehmen. Man sperrte Hans Winkelsee, denn so war sein Name, in die oberste Kammer des Eschenheimer Turms ein und machte ihm den Prozess. Es dauerte nicht lange, da wurde das Urteil gefällt. Das Gericht verfügte, dass der Wilddieb nach neun Tagen mit des Seilers Tochter Hochzeit feiern sollte. Lassen Sie sich aber bitte von dieser sehr poetischen Umschreibung nicht täuschen; hier war nicht die Heirat mit der Tochter eines Handwerkers gemeint, sondern schlicht und ergreifend der Tod durch den Strang.

Bis zum Vollzug der Strafe musste Winkelsee in seinem luftigen Gefängnis bleiben. Neun Tage können sich furchtbar ziehen, besonders wenn man wegen des penetranten Kreischens der Wetterfahne nachts kein Auge zutun kann. Erst verfluchte er daher das rostige alte Ding, das direkt über seiner Stube so laut knarrte und quietschte, dann aber hatte er eine Eingebung. Und als er am Abend vor der Hinrichtung, wie es der Tradition entsprach, nach seinem letzten Wunsch gefragt wurde, bat er darum, noch einmal seine Meisterschaft als Schütze unter Beweis stellen zu dürfen. Zum Andenken an die neun schlaflosen Nächte wollte er mit neun Kugeln einen Neuner in die Fahne des Eschenheimer Turms schießen. Die Ratsherren lachten laut über diese vermessenen Worte. Ihnen erschien das Vorhaben so gewagt, dass sie ihm bedenkenlos zustimmten und dem Delinquenten auch noch die Freiheit versprachen, falls das Kunststück gelänge; wenn aber nur eine einzige Kugel fehlginge, müsste er baumeln.

Am nächsten Morgen hatte sich viel neugieriges Volk um das Stadttor versammelt und auch der Magistrat war vollzählig erschienen. Man gab Winkelsee seine Büchse, er legte an, nahm kurz das Ziel ins Visier und schon war das erste Löchlein im Blech, von großem Jubel der Umstehenden quittiert. Schuss auf Schuss schickte er auf diese Weise nach oben, ein jeder saß an der richtigen Stelle, und als er fertig war, ergab sich daraus tatsächlich die schönste Neun, die man sich denken kann. Die Menge schrie und johlte vor Begeisterung. Selbst der Rat konnte seine Bewunderung nicht verhehlen und sah sich gezwungen, Wort zu halten. Er ordnete die unverzügliche Freilassung des Gefangenen an. Nun bestürmten alle den glücklichen Schützen, ihnen das Geheimnis seiner Treffsicherheit zu verraten. Der lächelte verschmitzt, ging auf eine Gruppe von Schaulustigen zu, nahm ein bildhübsches Mädel bei der Hand und zog sie zu sich heran. Es war Bärbel, die süße Enkelin des Turmwächters. Sie hatte Hans während seiner Inhaftierung immer das Essen gebracht und sich dabei in den

stolzen Burschen verguckt, den wiederum ihr blondes Haar und ihre blauen Augen zum Schmelzen gebracht hatten. Durch diese neue Liebe war der Wildschütz nicht nur doppelt motiviert worden, sie hatte ihm auch ganz konkret geholfen. Bärbelchen war nämlich nachts auf den Turm hinaufgeklettert und hatte die Fahne mit einem Keil justiert, damit sie nicht hin und her flatterte. Nur dadurch hatte er ungestört zielen können. Als Gegenleistung für ihren Beistand hatte er ihr versprochen, ein ehrbarer Bürger zu werden. Als der Rat das hörte, bot er ihm sofort die Position eines Hauptmanns bei der Bürgerwehr an, aber Winkelsee hatte Sehnsucht nach der Weite der Wälder und lehnte ab. Er wollte schon von dannen ziehen, als sein Blick auf das Mädchen fiel, das ihn ganz traurig ansah. Da schloss er es tröstend in seine Arme, wusste aber auch nicht recht, was zu tun wäre. Gott sei Dank hatte der Ältere Bürgermeister die rettende Idee! Er bestellte Hans zum städtischen Forstmeister, die Bärbel wurde seine Forstmeisterin, beide lebten noch viele Jahre glücklich zusammen und wenn sie nicht gestorben sind ...

Sollte es unter Ihnen jemanden geben, der diese schöne Geschichte anzweifelt, der soll nur mal einen Blick auf die Wetterfahne des Eschenheimer Turms werfen. Noch heute kann man die Neun dort genau erkennen. Und es gibt an dem Bauwerk noch einen zweiten Beweis: Am Scheitel des Torbogens Richtung Süden befindet sich ein steinerner Menschenkopf, der kurz nach dem Meisterschuss plötzlich aus der Mauer hervorgetreten war und in dem jeder das Gesicht von Hans Winkelsee eindeutig wiedererkannte.

DAS KÖNIGSBRÜNNCHEN

Die Liebe besitzt also die Macht, den Menschen zum Besseren zu bekehren. Nicht immer muss es sich bei dem begangenen Fehler gleich um eine Straftat handeln, es reicht auch eine schlichte Fehleinschätzung. In beiden Fällen ist es wichtig, dass man zur Einsicht kommt und seinen Irrtum korrigiert ...

Ganz in der Nähe der Sachsenhäuser Oberschweinstiege befindet sich das Königsbrünnchen. Vier Quellen entspringen hier, nur lose von Steinblöcken gefasst, und vereinigen sich zum Königsbach. Diesem Wasser wird schon von altersher heilende Wirkung zugeschrieben, weswegen viele Frankfurter auch heute noch gern davon trinken. Wahrscheinlich denken die meisten, der hohe Schwefelgehalt sorgt für den kurierenden Effekt, vielleicht hat es damit aber auch eine ganz andere Bewandtnis!

Ludwig III., Urenkel Karls des Großen, war wie sein berühmter Vorfahr ein leidenschaftlicher Jäger. Eines Tages, es war um das Jahr 880, ging er im Königsforst, dem heutigen Stadtwald, auf die Pirsch. Die Warnung seiner Gefährten, unbedingt vor Einbruch der Dämmerung zur Pfalz zurückzukehren, da heute Johannisnacht wäre, die man keinesfalls im Wald verbringen sollte, nahm er auf die leichte Schulter. Der Tag verstrich und bei der Verfolgung des Wilds achtete er weder auf die Zeit noch auf den Weg. Plötzlich hatte er den Anschluss an seine Jagdgesellschaft verloren. Ihm war darum aber nicht bang, schließlich hatte er schon oft im Freien übernachtet, nur musste er sich nun sputen, noch einen geeigneten Rastplatz zu finden, bevor die Sonne unterging. Als er so durch das Unterholz stolperte, hörte er irgendwann das Plätschern einer Quelle und ging ihm nach, bis er auf eine herrliche Lichtung kam. Hier richtete er sein Nachtlager ein, aß seinen mitgebrachten Proviant, trank in durstigen Zügen von dem Wasser des Bächleins und schlief danach seelenruhig ein. Sein Schlummer sollte aber nicht lange anhalten, schließlich war Johannisnacht, die Nacht vom 23. auf den 24. Juni, und jeder weiß doch, dass dies eine ganz besondere Zeit ist. Alle Bewohner des Waldes, die für uns Sterbliche normalerweise unsichtbar bleiben, feiern dann ein großes Fest und sind zu allerhand Schabernack aufgelegt. Der König erwachte dementsprechend auch bald von dem lauten Treiben rings um ihn herum und erkannte die kleine Wiese erst gar nicht wieder. Der Mond war inzwischen aufgegangen und

hatte alles in silbernes Licht getaucht. Elfen flatterten in der Luft, durch die Zweige der Bäume raschelten die Irrwische, auf dem Boden hörte man das Trippeln und Trappeln kleiner Kobolde, dem Brunnen entstiegen die Nymphen mit hellem Lachen und alle zusammen vereinigten sich zu einem großen Reigen. Viele der Spukgestalten trieben ihre Späße mit dem ungebetenen Gast; die einen piesackten ihn, andere stahlen ihm seine Habseligkeiten, wieder andere umkreisten ihn so schnell, dass ihm davon ganz schwindlig wurde. Er suchte händeringend nach einem Ausweg, aber in der Johannisnacht sind alle Geister frei, die guten und die bösen, da ist nichts zu machen.

Auf einmal stand in der Mitte der Geister eine strahlende Frau in schneeweißen Gewändern. Sie sah den verwunderten König lange wehmütig an, breitete dann die Arme aus und ging langsam auf ihn zu. Die traurige Erscheinung rührte Ludwigs Herz zutiefst und als sie näher kam, erkannte er in ihr seine Gemahlin Liutgard. Er sprang auf und rief laut ihren Namen, doch da ertönte ein Donnerschlag und der ganze Zauber verschwand auf der Stelle. Der verstörte Herrscher befand sich wieder mutterseelenallein auf der stockdunklen Lichtung. An Schlaf war jetzt nicht mehr zu denken, stattdessen zermarterte er sich den Kopf über das Geschehene. Er hatte Liutgard vor noch nicht allzu langer Zeit in ein Frankfurter Kloster verbannt, weil sie angeblich gegen ihn intrigiert hatte. Die Tochter des Herzogs Liudolf von Ostsachsen, eine kluge, willensstarke und in politischen Dingen versierte Frau, war ihm eigentlich immer eine gute Ratgeberin gewesen. Kürzlich hatten ihm einige Höflinge aber zugetragen, sie hätte hinter seinem Rücken den Versuch unternommen, die Sachsen gegen ihn aufzuwiegeln, um ihn vom Thron zu stoßen.

Diese Nachricht hatte ihn so sehr empört, dass er sie fortgeschickt hatte, ohne ihr Gelegenheit zur Rechtfertigung gegeben zu haben. Seitdem musste sie im Kloster wie eine Gefangene leben, und ihre Bitten um ein klärendes Gespräch stießen bei ihm immer nur auf taube Ohren. Jetzt beschlich ihn allerdings das ungute Gefühl, dass er wohl den Verleumdungen falscher Freunde erlegen war und sie zu Unrecht verstoßen hatte. Als der Morgen dämmerte, wusste er, was zu tun war. Er labte sich noch einmal an dem reinen Quellwasser, fand dann ganz leicht den Weg aus dem Wald und ging schnurstracks zu seiner Frau. Er sank ihr reumütig zu Füßen, entschuldigte sich vielmals und sie verzieh ihm alles. Noch am selben Tag durfte sie wieder in die Königspfalz einziehen, während die Ränkeschmiede mit aller gebotenen Strenge bestraft wurden.

Ludwig und Liutgard gingen seither oft zu jenem verwunschenen Platz, wo dem Herrscher die Augen geöffnet worden waren. Sie machten es sich zur Gewohnheit, hier einige Augenblicke zu verweilen und von dem wundersamen Wasser des Brunnens zu trinken, der seit jener Begebenheit »Königsbrünnchen« heißt.

DIE FRANKFURTER FASSUNG VON »ROMEO UND JULIA«

Karl Seiffart von Klettenberg & Rebecca von Barckhausen

Die Liebe findet oft Mittel und Wege, um zum Ziel zu gelangen. Nicht immer sind überirdische Mächte im Spiel wie in der vorigen Geschichte. Manchmal reicht schon ein gerüttelt Maß menschlicher Sturheit.

Im vorliegenden Fall aus dem beginnenden 18. Jahrhundert war die Ausgangsbasis ähnlich wie in William Shakespeares berühmtem Drama: Zwei junge Leute aus adligem Hause verliebten sich ineinander. Rebecca war die Tochter von Bartholomäus von Barckhausen, einem sehr reichen Kaufmann, der mit englischen und italienischen Waren handelte, im Bankgeschäft aktiv war und auch in der Frankfurter Kommunalpolitik Karriere machte; er war Ratsherr, Schöffe und sogar mehrmals Älterer Bürgermeister. Die Familie bewohnte das luxuriöse Palais Barckhausen auf der Zeil, in dem – wie schon berichtet – Karl VII. viele Jahre später residieren sollte. Karl Heinrich war der Sohn des Stadtschultheißen Johann Erasmus Seiffart von Klettenberg und ein Vorfahr der bereits erwähnten »schönen Seele« Susanna Katharina von Klettenberg.

Alles passte eigentlich ganz wunderbar zusammen, aber der alte Barckhausen war gegen die Verbindung. Vielleicht lag es daran, dass der Adelsbrief der Klettenbergs aus seiner Sicht fast noch druckfrisch war, er stammte aus dem Jahr 1671, während die Barckhausens eine alteingesessene Patrizierfamilie waren. Vielleicht war er auch auf die stattliche Privilegierung neidisch, die dem Klettenberg darin widerfuhr. Oder es passte ihm nicht, dass er als Schöffe Mitglied des Gerichts war, dem der Schultheiß vorstand, Johann Erasmus also gewissermaßen sein Chef war. Es kann auch einen völlig anderen Grund für seine ablehnende Haltung gegeben haben. »Mer waaß es net«, wie man am Main so schön zu sagen pflegt, »mer munkelt nur.« Von einem Streit zwischen den Familien wie im englischen Schauspiel wissen wir jedenfalls nicht. Fakt ist allerdings, dass Bartholomäus den Verehrer Rebeccas noch nicht einmal anhören wollte. Stattdessen verbot er seiner Tochter jeden weiteren Kontakt mit ihm.

Wie es sich für richtig Verliebte gehört, trafen sie sich natürlich weiterhin, nur eben im Verborgenen. Es war ihnen bald klar, dass sie unbedingt heiraten wollten. Für die Barckhausens kam das gar nicht infrage, aber die Klettenbergs freuten sich über diese Nachricht. Nun gab es in Frankfurt ärgerlicherweise ein Ratsdekret aus dem Jahr 1700, in dem eine Ehe ohne Einwilligung der Eltern untersagt wurde; wurde sie dennoch geschlossen, war sie ungültig und strafbar. Da ein hiesiger Pfarrer beim Vollzug der Vermählung also mit dem Gesetz in Konflikt gekommen wäre, kam das Paar auf die Idee, einen Kollegen aus Eschborn mit der Aufgabe zu betrauen, denn das gehörte damals zum Kurfürstentum Mainz. Sonderlich begeistert war der gute Mann zwar nicht, aber man konnte ihn mit dem Argument überzeugen, dass der Sachsenhäuser Sommersitz der Klettenbergs, in dem die Hochzeit stattfinden sollte, ein kaiserlicher Freihof wäre und somit nicht der Frankfurter Rechtsprechung unterläge. In deren Adelsdiplom hieß es nämlich wörtlich, dass sowohl Johann Erasmus und seine Familie als auch alle ihnen gehörenden Mobilien und Immobilien »in Kaisers und des heiligen Reiches besonderen Verspruch, Schutz, Schirm und Salva Gardia an-

und aufgenommen wurden, er und die Seinen sich dessen erfreuen und gebrauchen, auch in Kriegs-, Empörungs- und anderen Zeiten, falls es die Not erforderte, ihrem Gefallen und Belieben nach den kaiserlichen Schutz und Schirm an ihren Häusern, Höfen und Wohnungen anschlagen und hernach mit gebührender Reverenz wiederum abnehmen möchten«. Na, und wie das jetzt »Empörungszeiten« waren! Mit diesem Kniff, das Landgut der Klettenbergs vor dem Affentor dem kaiserlichen Schutz zu unterstellen und es so gewissermaßen zu exterritorialem Gebiet zu erklären, gedachte man die Bestimmung des Rates zu unterwandern.

Aus späteren Vernehmungsprotokollen lässt sich der Ablauf des Hochzeitstages, es war der 6. November 1705, gut rekonstruieren. Der Geistliche wurde mit einer Mietdroschke aus Eschborn abgeholt. Bräutigam und Trauzeugen, zwei Freunde Karl Heinrichs, fuhren mit einer zweiten Kutsche bei der Braut vorbei, die sich aus dem Elternhaus stahl und tief verschleiert neben ihnen Platz nahm. So ging es zum Klettenberg'schen Gartenhaus. Da dem Pfarrer bei der ganzen Angelegenheit verständlicherweise nicht recht wohl war, fragte er die Braut während der Zeremonie ausführlich nach den Gründen für die heimliche Hochzeit. Die von ihm später vor Gericht wiedergegebene Antwort Rebeccas zeugt von großer Cleverness: Sie wüsste wohl, dass man Vater und Mutter ehren solle, aber ebenso gut geböte die Bibel den Vätern, ihren Töchtern Männer und ihren Söhnen Weiber zu geben. Wenn sie also sündigte, täte das der Vater ebenso. Die Hochzeit wäre die einzige Möglichkeit, Karl Heinrich, ihr und eben auch ihrem Vater aus dem Zustand der Sünde zu verhelfen. Sehr ausgebufft! Ein weiteres Argument, vielleicht nicht ganz so raffiniert, aber sicher von größter Durchschlagskraft, war ihr Hinweis, dass sie bereits »die Kinderschuhe ausgezogen« hätte. Damit spielte sie zwar auch auf ihr für die damalige Zeit fortgeschrittenes Alter von siebenundzwanzig Jahren an, wollte aber vor allem andeuten, dass eine Schwangerschaft durchaus im Bereich des Möglichen läge ... Nun wurde die Trauung flugs vollzogen. Der Pfarrer wollte anschließend aber weder bezahlt werden noch am Hochzeitsmahl teilnehmen. Abends trennte sich das frisch vermählte Paar und jeder fuhr ins elterliche Haus. Fortan traf man sich immer im Sachsenhäuser Sommerhäuschen, wo der Verwalter mittlerweile ein Ehebett aufgestellt hatte.

Schon nach kurzer Zeit hatte Rebecca von der Geheimniskrämerei endgültig genug, zumal sie sich ja rechtmäßig verheiratet fühlte, und beichtete ihren Eltern alles. Der Vater war zwar erzürnt, fand es nun aber am praktikabelsten, sich mit den Tatsachen abzufinden, doch nicht so die Stiefmutter, von der Rebecca später aussagte, sie hätte ihn schon immer gegen sie beeinflusst. Barckhausen wandte sich also als Älterer Bürgermeister am 12. November 1705 an den Rat mit der Bitte, die Heirat für null und nichtig erklären zu lassen und für strafbar zu befinden. In obigem Dekret aus dem Jahr 1700 gestattete der Rat ausdrücklich, dass in solchen Fällen die Kinder enterbt werden könnten. Womöglich war dieser Umstand auch der Grund für die Hartnäckigkeit der Stiefmutter?

Der Rat beauftragte seine Syndizi, zu diesem Fall ein Rechtsgutachten zu erstellen, und verhängte im ersten Schritt über die Eheleute beiderseitigen Hausarrest und drohte bei Zuwiderhandlung sogar mit Verhaftung, schließlich wäre durch ihre Tat die öffentliche Moral gefährdet worden. In der Zwischenzeit wurden alle am Komplott Beteiligten bis hin zu den Bediensteten des Sommerhauses und dem Mietkutscher vernommen.

Vater Klettenberg, der Schultheiß, protestierte am 5. Dezember 1705 nachdrücklich gegen das unwürdige Prozedere. In Frankfurt wären schließlich schon ganz andere Dinge geschehen, über die man großzügig hinweggesehen hätte. Dieser Kommentar war natürlich kein sehr schlauer Schachzug, damit verärgerte er die Stadtregierung, sodass die von ihm angebotene Kaution rundweg abgelehnt wurde. Barckhausen wiederum hatte inzwischen die Taktik gewechselt und behauptete, die Hochzeit wäre als Entführung seiner Tochter durch den jungen Klettenberg zu werten. Die Fronten waren verhärtet und der Rechtsstreit währte schon fast ein halbes Jahr, als der junge Ehemann dem Rat am 10. Juni 1706 anzeigte, dass seine Frau guter Hoffnung wäre. (An dieser Stelle sei die Frage gestattet, wie Rebecca schwanger werden konnte, wenn doch beide Gatten in separaten Unterkünften unter strenger Bewachung standen ...) Bartholomäus ließ sich auch von dieser Neuigkeit nicht erweichen. Selbst das Angebot des Paares, ihn auf Knien um Verzeihung zu bitten, lehnte er ab und schickte zuletzt alle Briefe, auch die seiner Tochter, ungeöffnet wieder zurück.

Als nichts mehr half, schrieben die Verzweifelten direkt an den Magistrat und baten um unbürokratische Hilfe. Inzwischen hatten die Dauer dieser Liebe, die Tatsache, dass Rebecca in anderen Umständen war, und das herzlose Verhalten der Eltern Barckhausen die allgemeine Stimmung auf die Seite der jungen Leute schwenken lassen. Da die Ratsherren nicht unmenschlich erscheinen wollten, hoben sie im August 1706 die neunmonatige Kontaktsperre der Eheleute auf, bestanden aber nach wie vor darauf, dass sie widerrechtlich verheiratet wären und sich daher auch künftig nicht gemeinsam in der Öffentlichkeit sehen lassen dürften. Es musste halt noch etwas Gras über die Sache wachsen, bevor die beiden ein ganz normales Eheleben führen konnten.

Zum Glück nahm die Frankfurter Version von »Romeo und Julia« also einen unblutigen Verlauf. Ihr Stoff taugte eher als Vorlage für eine komische Oper.

»PREUSSISCHE LIEBE«

Lina Holzmann & Hans von Schauroth

Auch in späteren Jahrhunderten brauchte man, besonders als Frau, noch eine gewisse Willensstärke, wollte man entgegen der elterlichen Vorstellung heiraten.

Lina Susanna Holzmann wurde als jüngste Tochter des Frankfurter Bauunternehmers Philipp Holzmann am 9. Dezember 1874 mit dem sprichwörtlichen silbernen Löffel im Mund geboren. Nicht nur, dass die Familie wohlhabend war und ein herrschaftliches Anwesen mit großem Haus und ausgedehntem Park am Untermainkai 70 ihr Eigen

nannte, die Eltern kümmerten sich auch rührend um ihre Kinder, besonders um das Nesthäkchen. Lina erzählte in späteren Jahren immer gern, dass sie vom Vater die Tatkraft und Zielstrebigkeit und von der Mutter den trockenen Humor und den bodenständigen Pragmatismus geerbt hätte. Diese Eigenschaften sollten ihr in ihrem bewegten Leben noch gute Dienste erweisen.

Zunächst wuchs sie sehr behütet auf, war aber kein unkompliziertes Kind. Sie war introvertiert und interessierte sich von Anfang an mehr für Tiere als für Menschen. Besonders die Pferde hatten es ihr angetan und sie bekam, wie es sich für eine höhere Tochter gehörte, schon früh Reitstunden. Weil sie die staubtrockenen Schullektionen langweilten, wurde sie unaufmerksam und blieb sitzen. Nicht ein- oder zweimal, sondern insgesamt dreimal! »Als mir das zum dritten Male passierte, stand ich doch recht unglücklich vor meinem Vater. Da tröstete er mich mit den Worten: ›Weine nicht, deine Lehrer sind zu dumm für dich!‹« Doch damit war das väterliche Verständnis noch nicht erschöpft. Holzmann förderte auch die malerische Begabung Linas, die sich schon früh herauskristallisiert hatte, und spendierte der Dreizehnjährigen privaten Zeichenunterricht bei Johann Heinrich Hasselhorst am Städelschen Kunstinstitut.

Ebenfalls noch sehr jung entwickelte sie eine große Affinität zum Preußentum, die ihr ganzes Leben lang anhielt. Später bezeichnete sie sich einmal in ihrem Tagebuch als »pr. pr.« – die Abkürzungen stehen für »preußisch« und »protestantisch« – und fügte gleich hinzu, was sie darunter verstand: »Meist glückliche Ehen, Pünktlichkeit, Unbestechlichkeit, Vaterlandsliebe bis zum Tode, Ritterlichkeit«. Schon das kleine Mädchen hatte den Eltern offiziell mitgeteilt, dass

sie einmal einen preußischen Offizier ehelichen würde. Und es sagt viel über Linas Persönlichkeit aus, dass sie dann auch genau das getan hat.

Mit zwanzig Jahren verliebte sie sich in einen Mann, der ihrem Ideal bis ins Detail entsprach. Der fünf Jahre ältere Hans von Schauroth war Spross eines preußischen Adelsgeschlechts, das seit 1130 nachweisbar war, ein Wappen und die Devise »Recht und echt« führte. Er war Ehrenritter des Johanniter-Ordens, Regimentsadjutant in Hanau und verkörperte auch optisch das Bild des aufrechten, stattlichen Soldaten. Und dann teilte er auch noch ihre Leidenschaft für Pferde! Lina war entzückt, die Eltern weniger. Zum einen hielt sich bei beiden als echten Frankfurtern der Enthusiasmus für Preußen in Grenzen, zum anderen hätte besonders der Vater lieber einen tüchtigen Geschäftsmann zum Schwiegersohn gehabt, der in das Familienunternehmen hätte einsteigen können. Aber Lina setzte in dieser Angelegenheit genauso ihren Kopf durch, wie sie auch später für alles kämpfen sollte, wovon sie im Innersten überzeugt war. Die Eltern gaben relativ bald nach. Sie kannten den Dickschädel ihres Kindes zur Genüge und schließlich war Schauroth auch keine schlechte Partie, nur nicht die von ihnen präferierte.

1895 traten Lina und Hans vor den Traualtar. Danach zog Lina zu ihrem Mann nach Hanau und folgte ihm in den nächsten Jahren von Garnison zu Garnison, denn der Königlich-Preußische Hauptmann wurde häufig versetzt. Zehn glückliche Jahre waren den beiden vergönnt, in denen Hans seiner Frau alle Freiräume gab, die sie brauchte. Zum Beispiel unterstützte er ihre künstlerischen Neigungen nach Kräften, was keineswegs selbstverständlich war. Sie konnte ihre Ausbildung bei Karl Julius Bernhard

Mannfeld und Ottilie Wilhelmine Roederstein fortsetzen, begann mit Radierungen und Ölgemälden und nahm sich 1894 an der Städelschule ein eigenes Atelier. In dieser Zeit entwickelte sie nicht nur eine eigene Ausdrucksweise als Künstlerin, sondern zeigte ihre persönliche Emanzipation auch durch den Kleidungsstil, den sie mit siebenundzwanzig Jahren endgültig festlegte und bis zu ihrem Tod nicht mehr veränderte. Sie trug fortan immer ein Herrenkostüm mit weißer Hemdbluse und Krawatte. Im Alter kommentierte sie diesen Entschluss ganz lakonisch: »Wie einfach! Ich habe auf diese Weise nie etwas mit der Mode zu tun gehabt.« Natürlich war sie damit in der vornehmen Gesellschaft eine Ausnahmeerscheinung und wirkte sehr exzentrisch, aber ihr gefiel's, und dieses preußisch-korrekte amazonenhafte Outfit passte ja ganz wunderbar zu ihrer inneren Einstellung.

Dann kam das ereignisreiche Jahr 1905. Am 28. Januar wurde der Sohn Wolff Udo geboren, die Freude war groß. Aber nicht viel später stürzte Hans während eines Manövers vom Pferd und erlitt schwere Verletzungen, von denen er sich nicht mehr erholte. Vier Jahre verbrachte er überwiegend in Sanatorien und starb dann am 27. Januar 1909, keine vierzig Jahre alt. Seine junge Witwe erwies ihm einen letzten Liebesdienst und schuf sein Grabmal auf dem Frankfurter Hauptfriedhof mit eigener Hand. Sie hatte gerade erst mit dem Studium der Bildhauerei begonnen und der Grabstein wurde ihr erstes plastisches Werk. Sie bearbeitete den Granit unmittelbar an der Ruhestätte ihres Mannes, immer in einen roten Reitfrack gewandet, als Reminiszenz an die Passion, die sie miteinander geteilt hatten. Es war schon Ironie des Schicksals, dass Schauroth ausgerechnet durch einen Reitunfall ums Leben kommen musste. Schon damals verfügte Lina, dass sie eines Tages neben ihrem Mann beerdigt werden wollte, was auch geschah.

Lina von Schauroth ertrug dieses große Unglück mit preußischer Contenance. Sie entdeckte an Udo viele Charakterzüge ihres verstorbenen Gatten, wodurch die Erinnerung an den geliebten Mann lebendig blieb.

Trotzdem drängte sie ihn nicht, in die Fußstapfen des Vaters zu treten. Nachdem es ihm in einer Kadettenanstalt nicht gefallen hatte, durfte er seine Berufswahl frei treffen und entschied sich für die Architektur. Letzten Endes führte er also die Familientradition trotzdem fort, nur die der Holzmanns. Mutter und Sohn hatten zeitlebens ein sehr inniges Verhältnis. »Ich war zutiefst angerührt, wenn Du immer wieder unsere Gemeinsamkeit betontest, die gleiche, die zwischen Dir und Deinem Mann, meinem Vater, bestanden habe. Eure Ehe, die auf dem beiderseitigen Interesse an Vaterland, Militär und Pferden fußte, muß sehr glücklich gewesen sein. Gemessen an Deiner Lebenszeit – Du bist 1874 geboren, hast 1895 geheiratet, verlorest Deinen Mann nach vierzehn Jahren Ehe und bist fast sechsundneunzig Jahre alt geworden – war die Zeit Eures Zusammenseins nur kurz ...».

Nach dem Tod ihres Mannes zog Lina wieder in ihre Geburtsstadt und lebte hier als freischaffende Künstlerin. Sie musste den Verlust des größten Teils ihres Vermögens während der Weltwirtschaftskrise Ende der 1920er Jahre und ihres Wohnhauses und Ateliers am Schaumainkai im Zweiten Weltkrieg verkraften. Leider wurden auch viele ihrer Werke in Frankfurter Gebäuden, vor allem einige wundervolle Glasschliffarbeiten, durch die Bombardements zerstört, aber die Fenster der wiederaufgebauten Alten Nikolaikirche am Römerberg geben noch heute einen eindrucksvollen Beweis ihres Könnens.

KAPITEL VIII – EXKURS I

EHE OHNE LIEBE

Dass längst nicht alle unsere Paare dauerhaft miteinander glücklich waren, ist leider eine traurige Tatsache. Ein Paar fällt aber besonders aus dem Rahmen, weil seine Ehe gleich mehrfach gerichtsnotorisch geworden ist.

HIEBE STATT LIEBE

Balthasar vom Rhein & Katharina Faut von Monsberg

Balthasar vom Rhein, am 29. Januar 1488 geboren, stammte aus bestem patrizischen Hause. Der Vater Heinrich zu Wolkenberg war ein angesehenes Mitglied des Rates und die Mutter Agnes war die Schwester Jacob Hellers, eines der wohlhabendsten und einflussreichsten Bürger der Stadt. Für Balthasar hatte die Familie die geistliche Laufbahn vorgesehen, was vor dem Hintergrund der folgenden Ereignisse geradezu absurd erscheint. Aber das kümmerte ihn sowieso nicht; er vagabundierte lieber erst einmal durch die Weltgeschichte. Es verschlug ihn damals sogar bis nach Portugal, wo er eine Zeit lang am Hof des Königs Manuel lebte. 1510 kehrte er dann in die Heimat zurück, da mittlerweile seine Eltern und sein Bruder Heinrich gestorben waren, und es begann eine mehr als zwanzigjährige, beinahe ununterbrochene Kette von Skandalen, die durch seinen miesen Charakter und sein zügelloses Temperament ausgelöst wurden. Schon kurz nach seiner Ankunft in Frankfurt stritt er sich mit seinem Bruder Bechtold um das Erbe. Die beiden Kontrahenten gingen sogar mit dem Degen aufeinander los. Der Magistrat sah sich genötigt, beide zu entwaffnen und den Bürgereid schwören zu lassen, in dem redliches Verhalten verlangt wurde. Damit konnte man freilich Balthasar nicht beeindrucken. Schon wenige Wochen später provozierte er die nächste tätliche Auseinandersetzung mit Bechtold, zog dabei den Kürzeren und flüchtete vorsichtshalber nach Mainz. Der Fürsprache seines Onkels Jacob Heller war es zu verdanken, dass er nach einer schriftlichen Entschuldigung schnell wieder zurückkehren durfte. Man nahm ihm das Versprechen ab, sich künftig mit seinem Bruder zu vertragen, widrigenfalls hätte er Strafen an Leib und Gut zu gewärtigen. Vor allem die zweite Drohung dürfte dafür gesorgt haben, dass er sich kurzzeitig zahm verhielt. Die Erbschaftsangelegenheiten wurden in gegenseitigem Einvernehmen geregelt, sodass er sich voll und ganz dem Ordnen und Verwalten seiner Besitztümer widmen konnte. Entweder war er dadurch nicht vollständig ausgelastet oder er wollte in Übung bleiben, jedenfalls brach er ab und an mal einen Streit vom Zaun. Als ein Standesgenosse ihn als »Hühnerdieb« und »Taugenichts« bezeichnete, damals wie heute keine besonders starken Kraftausdrücke, versuchte er ihn am 20. Juli 1511 mit dem Messer zu erstechen. Als die Attacke nicht von Erfolg gekrönt war, zerrte er ihn wenigstens vor Gericht und erreichte die Verurteilung des Beklagten zu einer Geldbuße.

Balthasars indiskutables Benehmen hinderte die vornehme Frankfurter Patriziergesellschaft Alten-Limpurg nicht daran, ihn 1512 als Mitglied aufzunehmen. In ihrer Zunftstube wurde ein Jahr später auch bedenkenlos die Vermählung zwischen Katharina, der Tochter von Friedrich Faut von Monsberg und Margarethe geborene Kemmerer, und ihm im großen Stil gefeiert. Das Geburtsdatum Katharinas ist nicht überliefert; sie wird, wie üblich, einige Jahre jünger als ihr Mann gewesen sein.

Zunächst lebte das Ehepaar im Haus des verwitweten Vaters Monsberg. Der Verzicht auf die sofortige Gründung eines eigenen Hausstandes war in Patrizierkreisen kein ungewöhnlicher Vorgang.

In unserem speziellen Fall nahm dieses Zusammenleben allerdings kein gutes Ende ...

Nur ein Jahr nach der Hochzeit, am 24. September 1514, musste der Rat der Stadt zu einer außerordentlichen Sitzung zusammentreten, weil Balthasar nicht nur seine Frau verprügelt, sondern auch seinen Schwiegervater derart »in den Hals gehauwen« hatte, dass dessen Ableben befürchtet werden musste. Danach suchte er Schutz im Barfüßerkloster, wo er das Kirchenasyl in Anspruch nehmen konnte. Von hier aus nahm er zum Tathergang schriftlich Stellung und bot die Zahlung einer hohen Geldsumme an, falls man ihn ungestraft ließe. Nachdem Faut von Monsberg außer Lebensgefahr war, entschloss sich der Magistrat, Balthasar nach Mainz entlaufen zu lassen. Dort verbrachte er über zwei Jahre. In dieser Zeit, nämlich 1515, wurde in Frankfurt das einzige Kind des Paares, die Tochter Katharina, geboren. Was waren das nur für schreckliche Lebensumstände für Mutter und Kind!

Im April 1517 meldete sich Balthasar dann überraschenderweise beim Magistrat seiner Heimatstadt mit dem Wunsch, seinen Wohnsitz wieder nach Frankfurt zu verlagern. Man gewährte ihm eine befristete Aufenthaltserlaubnis unter der Auflage, Monsberg keinen Besuch abzustatten, in dessen Haus Katharina mit ihrem Töchterchen noch immer wohnte. Da es ihm nicht gelang, sich längerfristig wohl zu verhalten, musste er die Stadt bald wieder verlassen, aber der Tod seines Schwiegervaters im November 1517 ermöglichte ihm einen weiteren Aufenthalt. Schließlich musste er sich um die Hinterlassenschaft kümmern. Da störte es offensichtlich niemanden, dass der Erbe den Erblasser drei Jahre zuvor angegriffen und schwer verletzt hatte! Im Gegenteil! Weil er diese

Aufgabe zur allgemeinen Zufriedenheit erledigt hatte, wurde seinem Antrag auf Dauerwohnrecht stattgegeben. Der einzige Wermutstropfen für Balthasar war, dass er zehn Jahre Waffenabstinenz verordnet bekam.

Nun richtete er sich mit der Familie im Junghof, der zum Besitz der Monsbergs gehörte, häuslich ein. Es war eine weitläufige Anlage mit komfortablem Haupthaus und vielen Wirtschaftsgebäuden,

in dem achtzig Jahre später das Ehepaar Johann Adolf und Ursula von Glauburg leben sollte. Trotz der günstigen äußeren Umstände war das Leben hier trostlos. Es wurde von Hass und Zank beherrscht. Katharina war das ständige Opfer der Wutausbrüche ihres Mannes, der sie fast ununterbrochen mit »harreuffen, stoessen und schlaghen« malträtierte. In dieser Zeit war die Züchtigung der Frau in der Ehe durchaus üblich. Man empfand sie sogar als notwendig, denn der Mann war im Besitz der Ehevormundschaft, die auch die Bestrafungsgewalt einschloss. Balthasar setzte dieses Vorrecht mit aller Härte durch und seine Frau erduldete die Behandlung lange stillschweigend und versuchte aus Scham sogar noch, sie geheim zu halten. Im Mai 1519 büxte er nach einer besonders brutalen Maßregelung seiner Frau mal wieder nach Mainz aus und ließ sich anschließend von der Dienerschaft etliche Gegenstände nachsenden, von denen längst nicht alle sein Eigentum waren. Als daraufhin in Frankfurt eine behördliche Untersuchung eingeleitet wurde, beschuldigte er dreisterweise auch noch schriftlich seine Frau, an den Ehestreitigkeiten schuld zu sein. Damit war das Maß voll: Die gepeinigte Katharina strengte endlich den längst überfälligen Prozess gegen ihren Gatten vor einem geistlichen Gericht an. Sie wollte die Scheidung herbeiführen und wurde dabei vom Magistrat unterstützt. Darüber verärgert, kündigte Balthasar seine hiesige Bürgerschaft auf.

Alle hofften nun, ihn für immer losgeworden zu sein, aber da hatten sie nicht mit seiner kriminellen Energie gerechnet. Am 31. Juli

1519 schlich er sich heimlich auf den Junghof, schickte das gesamte Personal weg, füllte einen großen Kessel mit Wasser und brachte es zum Kochen. Dann versuchte er, seine Frau in den Kessel zu stoßen. Vermutlich wäre es ihm auch gelungen, hätte nicht ein Dachdecker zufällig in diesem Moment an der Türglocke geläutet. Katharina konnte diese Störung nutzen, um davonzulaufen. Der Rat ließ daraufhin ein ärztliches Gutachten erstellen, dass ihr Zeichen schwerster Misshandlung attestierte. Die Reaktion der Stadtregierung auf diese Ungeheuerlichkeit, insbesondere bei der Vorgeschichte Balthasars, bleibt komplett unverständlich. Man ermahnte ihn, zukünftig keine Gewalt mehr gegenüber seiner Frau anzuwenden und nichts aus dem Haus zu schaffen, was nicht ihm gehörte. Man glaubte allen Ernstes, der Gerechtigkeit damit Genüge getan zu haben.

Natürlich hielt Balthasar sich nicht an diese Bedingungen. Noch im gleichen Jahr schlug er seine Frau so stark, dass sie »zu errettung Ires leibs und lebes (...) auser Irer häuslicher wonung zu Iren freunden« rannte. Nach diesem Angriff musste er einen Schwur leisten, Katharina nie mehr anzufassen, was ihn nicht sehr beeindruckt haben dürfte. Schlimmer traf ihn da der Beschluss des Rates, eine völlige Kontaktsperre zwischen beiden zu verhängen, denn so hatte er keine Verfügungsgewalt mehr über das eheliche Vermögen.

Der Urteilsspruch des geistlichen Gerichts ist uns nicht überliefert; da aber in der damaligen Zeit eine Scheidung nach kanonischem Recht nur in ganz wenigen Fällen möglich war, wird man vermutlich nur eine erneute Ermahnung und vielleicht die Trennung von Tisch und Bett beschlossen haben. Welche Erlasse den Missetäter eher dazu bewogen haben, seine Frau in Zukunft – zumindest körperlich – nicht mehr zu belästigen, entzieht sich unserer Kenntnis. Eine Läuterung hat bei ihm jedenfalls nicht stattgefunden.

1523 wurde er nach einem Fastnachtsball aus der Patriziergesellschaft Alten-Limpurg ausgeschlossen, »seiner onzüchtigen werck und wort halben, die er onverschämpter weiss vor frommen und züchtigen frauwen und Jungfrauwen öffentlich getrieben und ausgestossen hat«. Wenn man die generelle Zügellosigkeit der damaligen Tanzsitten berücksichtigt, muss er sich schon ziemlich danebenbenommen haben! Nach der Devise »Ist der Ruf erst ruiniert ...« pöbelte er in den nächsten Jahren munter weiter. Tätliche Übergriffe auf verschiedenste Personen, gern auch weiterhin auf Mitglieder der eigenen

Familie, blieben seine Spezialität, weswegen der Frankfurter Rat seinem Gesuch um Wiederaufnahme in das Bürgerrecht auch nicht stattgab. Als Katharina 1531 starb, konnte er sie trotz aller Vorkommnisse anstandslos beerben.

Der Tropfen, der das Fass schließlich zum Überlaufen brachte, war die Tatsache, dass Balthasar sich mehrfach in ungerechtfertigter Weise mit Ulrich von Hynsperg anlegte, der seit 1531 mit seiner Tochter Katharina verheiratet war. Äußerst ungeschickt, denn dieser einflussreiche Mann, der später auch noch Frankfurter Bürgermeister werden sollte, konnte den Rat überzeugen, Balthasar für einen kurzen Zeitraum zu inhaftieren und ihm dann nahezulegen, die Stadt für immer zu verlassen. Zu guter Letzt hatte der Dauerquerulant ein Einsehen und kehrte der Heimat endgültig den Rücken. Er zog sich nach Oggersheim in der Pfalz zurück. Am 7. Februar 1535 wurde er in Frankfurt als verstorben gemeldet.

KAPITEL IX

ALTERSLIEBE

»KOMPRIMIERTE EMPFINDUNGEN«

Georg Brentano-La Roche & Maximiliane von Arnim

Waren Sie schon einmal im Brentanopark in Frankfurt-Rödelheim? Wenn nicht, sollten Sie das Versäumte in absehbarer Zeit unbedingt nachholen! Denn dort gibt es nicht nur einen herrlichen alten Baumbestand, ein klassizistisches Badehaus und einen Pavillon aus der Bauhaus-Zeit zu bewundern, sondern auch das vor einigen Jahren auf Initiative eines Fördervereins originalgetreu restaurierte Petrihaus. Auf dessen Gelände steht seit Kurzem ein der sogenannten Max-Laube nachempfundener Pavillon, der an die späte Liebe eines Onkels zu seiner Nichte erinnert.

Georg Michael Anton Joseph Brentano-La Roche konnte im Herbst seines Lebens auf überwiegend glückliche Jahre zurückblicken. Als ältestes von zwölf Kindern des Ehepaares Peter Anton Brentano und Maximiliane Euphrosine geborene La Roche war er am 12. März 1775 in Ehrenbreitstein geboren und wuchs im Frankfurter Stammsitz der Familie, dem Haus »Zum Goldenen Kopf« in der Großen Sandgasse, auf. Er leitete mit seinem Halbbruder Franz das Brentanosche Handelshaus und war für die Bankgeschäfte zuständig. 1840 lösten die Brüder die Firma auf und zogen sich ins Privatleben zurück. Durch Abstammung und Beruf wurde Georg zu einem der reichsten Männer Frankfurts. Trotz seiner Business-Karriere war er weniger knallharter Geschäftsmann als vielmehr ein Schöngeist mit großer Affinität zu Kunst und Musik. Außerdem setzte er sich schon früh für das Gemeinwohl ein und spendete viel Geld für karitative Zwecke.

Seine Schwester Bettine, spätere von Arnim, mit der er in besonders gutem Einvernehmen stand, bezeichnete ihn einmal als den »vornehmsten aller Menschen«. Und auch ihre Tochter Maxe schwärmte: »Der Onkel war ein schöner Mann und eine imponierende Erscheinung. Wenn er in seiner vornehmen Haltung mit seinen eleganten Manieren irgendwo eintrat, hatte man immer das Gefühl, es komme ein italienischer Herzog. Heute würde man sagen: er war ein vollendeter Gentleman vom Schei-

tel bis zur Sohle.« Diese Einschätzung teilte übrigens auch Goethes Mutter. An Pfingsten 1803 lernte Georg bei einem Ausflug nach Wilhelmsbad Marie Schröder kennen. Es war Liebe auf den ersten Blick. Er heiratete das sehr schöne, aber aus einfachen Verhältnissen stammende Mädchen schon ein halbes Jahr später. Nach einer harmonischen Ehe, in der sie ihrem Mann vier Kinder geschenkt hatte, starb Marie 1815, nur vierunddreißig Jahre alt. Georg brauchte lange, um ihren Verlust zu überwinden. Haushalt und Kindererziehung legte er in die Hände von Claudine Piautaz. Sie war seine Jugendliebe und wurde irgendwann auch »Georgs Gefährtin der späten Jahre«, wie der Brentano-Kenner Hartwig Schultz es diplomatisch ausdrückt. Der Witwer soll ihr auch einen Heiratsantrag gemacht haben. Warum die Hochzeit niemals zustande kam, ist nicht bekannt.

Nach dem Tod seiner Frau verlegte sich Georg ganz auf den Ausbau seines Rödelheimer Landsitzes, den er 1808 für seine junge Familie erworben hatte. Durch weit über hundert Kauf- und Tauschgeschäfte machte er aus dem ursprünglich recht kleinen Areal ein stattliches Anwesen von fast vierzehn Hektar. Er ließ den Park im Stil eines englischen Landschaftsgartens anlegen, wobei der romantische Eindruck einer scheinbar unberührten Natur durch kleine kontrastierende architektonische Elemente noch hervorgehoben wurde. In diesem Ambiente verbrachten Bettines Töchter Maximiliane (geboren 1818) und Armgart (geboren 1821) in den Jahren 1830 bis 1834 die Sommermonate. In vorgerücktem Alter schrieb Maximiliane, Rufname »Max« oder »Maxe«, ihre Memoiren, in denen sie ihrer Begeisterung für diese Aufenthalte freien Lauf ließ: »In diesem

Zauberreich haben wir fünf Sommer verlebt, verwöhnt durch des Onkels Liebe und Güte – kein Wunder, daß wir uns selbst wie ein Paar Märchenprinzessinnen vorkamen!« Seine beiden »Prinzessinnen« trug Georg Brentano damals wirklich auf Händen. Ein imposantes Beispiel seiner Fürsorglichkeit lieferte wiederum Maxe: »Da war der kleine griechische Tempel, in dem ein Marmorbassin zum Bade einlud. Im Bad wurde einem die Zeit nicht lang, denn hinter einer großen Spiegelscheibe sah man eine Volière, in der viele bunte Vögel hin und her flogen. Wenn wir hier baden wollten, ließ der Onkel den ganzen Raum mit Rosenblättern bestreuen.« Die drei hatten ein sehr vertrautes Verhältnis. »Wie oft haben wir mit dem Onkel auf dem Balkon seines Petrihäuschens gesessen, ihm unsere kleinen Sorgen gebeichtet und gesagt, was wir auf dem Herzen hatten.«

Schon damals fasste Georg eine besondere Zuneigung zu Maxe, für die der dreiundvierzig Jahre ältere Onkel aber natürlich jenseits von Gut und Böse war. Ihr Herz schlug für seinen Sohn Ludwig, von allen »Louis« genannt. »Ich liebte den bildschönen Vetter mit seinen sanften Augen mit der ganzen schwärmerischen und doch so harmlosen Innigkeit eines vierzehnjährigen Mädchenherzens.« Allerdings musste sie sich da in einer langen Schlange von Verehrerinnen anstellen. Ludwig heiratete später sogar eine seiner Cousinen, aber nicht Maximiliane von Arnim, sondern Marie von Guaita.

Georg Brentano war mit seinen Nichten auch nach ihrer Abreise aus Frankfurt immer in Briefkontakt geblieben. 1840 – nach dem Ende seiner Berufstätigkeit und dem Tode Claudines – schrieb er den jungen Damen noch öfter und schwelgte in Erinnerungen an die gemeinsame Zeit. Zusammen mit ihrer Mutter besuchten sie ihn 1843 und wirbelten sein von eingespielter Routine beherrschtes Leben tüchtig durcheinander, was ihn unsagbar freute. Kaum waren sie aber wieder weg, fühlte er sich einsamer und verlassener denn je.

Das Wiedersehen mit Maxe hatte seine schon so lange gehegten und stets unterdrückten Empfindungen wieder an die Oberfläche kommen lassen. Und die Nachrichten aus Berlin in dieser Zeit gefielen ihm ganz und gar nicht. Maxe berichtete ihm bester Laune von ihren Erlebnissen bei Hofe. Ständig war da von einem anderen Kavalier die Rede, darunter ein richtiger Hohenzollernprinz ebenso wie Felix Fürst Lichnowsky. Mit Letzterem verlobte sie sich sogar, aber die bereits anberaumte Hochzeit wurde wieder abgesagt, weil die Familie des Bräutigams auf einer ebenbürtigen, das heißt aus altem Adel stammenden Partie insistierte. Gleichzeitig herrschte bei Georg Brentano gepflegte Langeweile. Er schrieb den Nichten im Februar 1844: »Unser Lebensstrom schleicht ruhig dahin, während der eurige in lauter brillanten Cascatellen fortbraußt.« Die Indizien sprechen dafür, dass Maxe 1844 oder 1845 noch einmal in Frankfurt gewesen sein muss. Außerdem traf Georg die vergötterte Nichte 1846 auch auf einer Reise. Dadurch wurden seine Fantasien weiter angekurbelt. Er verdoppelte die Anzahl seiner Briefe, bereicherte sie nun häufig durch lyrische Ergüsse, die er selbstironisch als »Producte meiner baufälligen poetischen Muse« bezeichnete, und machte immer unverblümtere Anspielungen auf seine Affekte. Maxe scheint ihn daraufhin mit viel Feingefühl auf die Grenzen ihrer verwandtschaftlichen Liebe

hingewiesen zu haben. Da ihre Seite des Briefwechsels heute nicht mehr erhalten ist, kann man das freilich nur aus seinen Antworten mutmaßen. Er versprach, sich zu »bessern«, aber es war nur eine Frage der Zeit, bis so viel aufgestaute Emotion sich einen Weg bahnen musste, und so heißt es im Schreiben vom 25. März 1846: »Siehe, liebe Max, ich habe schon lange mit vieler Krafft meine Empfindungen comprimirt, es gehet aber damit so, wie wenn mann die Luft comprimirt, sie gewinnt dadurch eine fürchterliche Gewalt.« Im Hinblick auf ihre Ermahnungen ruderte er allerdings im gleichen Brief auch schon wieder zurück und gelobte: »Sooft, liebe Max, ich mir auch vorgenommen hatte, dir nie aus meiner innersten Herzkammer zu schreiben (aus meinem Herzen werde ich dir immer schreiben) so kann ich heute doch nicht widerstehen, aber gewiß und wahrhaftig es soll das letzemahl seyn. (...) Ich halte dir Wort, und waß du von Liebe zu mir hast, sollst du mir entziehen, wenn ich dir noch einmahl mit meiner lächerlichen Zudringlichkeit und Eifersucht, und allem übrigen zur Last falle.« Lange hielt er seine guten Vorsätze aber nicht durch. Nachdem er im Billett vom 6. April tapfer ausschließlich das Frankfurter Tagesgeschehen geschildert hatte, notierte er als Postskriptum: »Liebe Max, zwinge mich nicht zu jenen (formellen) Briefen, ich zerbreche mir den Kopf, und bringe nichts heraus, laße mich doch schreiben, wie es in mir ist, und aussprechen wovon mein Herz voll ist, waß schadet es dir dann?«

Seine überschüssige Energie hatte er bereits vor einiger Zeit in ein neues Rödelheim-Projekt kanalisiert: Maxe sollte ein eigenes »Garten-Plätzchen« erhalten, eine Laube, für die er selbst den Entwurf liefern wollte. Im Frühjahr 1846 musste er die Nichte allerdings davon in Kenntnis setzen, dass mit den Arbeiten noch nicht begonnen worden war: »Der Architect findet meine Idee zu feenhafft, und nicht auszuführen.« 1847 war der Bau dann endlich fertiggestellt. Brentano übersandte Maxe den Schlüssel zu »ihrem« Pavillon und vermerkte: »Ich bringe viele Stunden in deiner Laube zu.«

So langsam fühlte sich Maxe wirklich bedrängt. Ihrem Tagebuch vertraute sie ihre große Not an: »Aber der Onkel, der arme 72-jährige Onkel! Unseliges Verhängniß, der faßt eine Leidenschaft zu mir – keine Leidenschaft, welche in Asche versinkt, wenn die Flamme erstickt wird, nein, sie brennt fort u fort wie ein Vulkan innerlich ist nicht zu löschen als mit dem Tode! (...) Er will ich soll seine Frau werden, er will mit mir wie mit einer Schwester leben, aber ich solle ihn heirathen, damit er mir nach dem Tod sein ganzes Vermögen vermachen könne! Nein! Nein! Nein!« Nun kühlte die Beziehung der beiden – auf ihre Initiative hin – merklich ab, wenngleich sie niemals abgebrochen wurde. Und als aus dem »rüstigen Mann, dessen straffe Haltung und Grandezza seine Jahre nicht ahnen ließen«, in seinen letzten beiden Lebensjahren ein schwerkranker Greis wurde, unterstützten Armgart und Maximiliane die Töchter Georgs bei seiner Pflege. So starb Georg am 22. Februar 1851 in Frankfurt, umsorgt von der Frau, die ihm so viel bedeutet hatte.

Maximilianes damalige Verlobung mit Georg von Groeben wurde ein Jahr später gelöst; auch diesmal war der Grund, dass die Eltern die vermeintlich unstandesgemäße Verbindung ihres Sohnes nicht billigten. 1853 reichte sie schließlich dem Husarenoberst Eduard Graf von Oriola die Hand, dessen Werbung sie zehn Jahre zuvor noch abgewiesen hatte.

»MACHT UNS NICHT DIE LIEBE REICH?«

Johann Wolfgang von Goethe & Marianne von Willemer

Der größte Sohn unserer Stadt, am 28. August 1749 im Haus am Großen Hirschgraben geboren, war insgesamt vier Frankfurterinnen in besonderer Weise zugetan. Gleich drei von ihnen verdrehten ihm den Kopf, als er noch ein junger Mann war und zu Hause lebte:

In »Dichtung und Wahrheit» schildert Johann Wolfgang von Goethe ein Mädchen, »von ungemeiner und, wenn man sie in ihrer Umgebung sah, von unglaublicher Schönheit». Ihre »Umgebung», das war eine Clique ziemlich dubioser junger Leute, »Menschen aus mittlern, ja, wenn man will, aus niedern Stande«, denen sich der Vierzehnjährige für eine kurze Zeit anschloss, was er vor seiner Familie natürlich geheim hielt. Durch sie lernte er das süße »Gretchen» kennen. Dass es aus einfachen Verhältnissen stammte und nur die Gehilfin einer Putzmacherin war, störte ihn dabei nicht. »Die Gestalt dieses Mädchens verfolgte mich von dem Augenblick an auf allen Wegen und Stegen: es war der erste bleibende Eindruck, den ein weibliches Wesen auf mich gemacht hatte.« Mit ihr verbrachte er die erste Nacht außer Haus, in der allerdings nichts Verwerfliches passierte, und von ihr erhielt er auch seinen ersten Kuss, wenn auch nur auf die Stirn. Nach diesem Gunstbeweis sah er sie niemals wieder. Bereits am nächsten Tag flogen nämlich betrügerische Machenschaften ihres Freundeskreises auf und beide wurden in diesem Zusammenhang verhört. Johann Wolfgang konnte seine Unschuld überzeugend darlegen und auch Gretchen kam mit einem blauen Auge davon; ihr wurde gestattet, sich aus der Stadt zu entfernen. Zunächst war der verlassene Goethe darüber so traurig, dass er regelrecht krank wurde. Später erfuhr er, dass das Mädchen bei der Vernehmung zu Protokoll gegeben hatte: »Ich kann es nicht leugnen,

daß ich ihn oft und gern gesehen habe; aber ich habe ihn immer als ein Kind betrachtet und meine Neigung zu ihm war wahrhaft schwesterlich.» Von dieser Aussage war er tief gekränkt und im selben Augenblick von seinem Liebeskummer kuriert!

Ob diese Episode sich jemals zugetragen hat und wenn ja, wie, wird die Goethe-Forschung wohl nie endgültig klären können. Weder ist es den Historikern gelungen, Gretchens reales Vorbild zu ermitteln, noch im Frankfurter Stadtarchiv Unterlagen über die betreffende Kriminaluntersuchung zu finden. Möglicherweise ist die gesamte Affäre nur ein literarischer Kniff des Autors, um seiner Berichterstattung rund um die Ereignisse der Wahl- und Krönungsfeierlichkeiten Josephs II. 1764 mehr Pep und einen persönlichen Anstrich zu verleihen.

... MAXIMILIANE VON LA ROCHE

Sechs Jahre und mindestens drei »Frauengeschichten« später entbrannte Goethe im September 1772 für die sieben Jahre jüngere Maximiliane Euphrosine von La Roche. Wie die meisten Gäste des literarischen Salons, den ihre Mutter, die Schriftstellerin Sophie von La Roche, in Ehrenbreitstein unterhielt, umwarb auch er die damals Sechzehnjährige, die laut seiner Beschreibung »nicht anders als liebenswürdig« war, dabei »eher klein als groß von Gestalt, niedlich gebaut; eine freie anmutige Bildung, die schwärzesten Augen und eine Gesichtsfarbe, die nicht reiner und blühender gedacht werden konnte«. Eigentlich kam er gerade aus Wetzlar und musste noch die Absage der dort von ihm so verehrten Charlotte Buff verkraften, doch es gelang ihm, sich nahtlos in die schöne »Maxe« zu verlieben. In seiner Autobiografie klingt dieses Kunststück natürlich viel poetischer: »Es ist eine sehr angenehme Empfindung, wenn sich eine neue Leidenschaft in uns zu regen anfängt, ehe die alte noch ganz verklungen ist. So sieht man bei untergehen-

Seite 163, Kapitel IX

der Sonne gern auf der entgegengesetzten Seite den Mond aufgehn und erfreut sich an dem Doppelglanze der beiden Himmelslichter.« Beiden setzte er dann übrigens in dem berühmten Roman »Die Leiden des jungen Werther« ein Denkmal, indem er sie zur Figur der »Lotte« verschmolz.

Für Frau von La Roche kam Goethe, der zum Rechtsanwalt nicht taugte und als Dichter vermutlich nichts verdienen würde, für ihre Tochter nicht in Betracht. Sie verheiratete sie stattdessen im Januar 1774 mit dem einundzwanzig Jahre älteren, sehr begüterten Frankfurter Kaufmann Peter Anton Brentano, worauf ihr der verschmähte Bewunderer ihrer Tochter schrieb: »Von Ihrer Max kann ich nicht lassen, so lang ich lebe, und ich werde sie immer lieben dürfen.« In der ersten Zeit ihrer Ehe war Maxe sehr unglücklich. In Frankfurt lebte sie mit ihrem Mann und fünf Stiefkindern im »Nürnberger Hof«, einem alten, nicht sehr komfortablen Geschäftshaus, in dem die Literatur keine Rolle spielte. Umso mehr freute sie sich daher über die Gesellschaft Johann Wolfgangs, mit dem sie sich geistig austauschen konnte. Dessen Schwärmerei für seine Frau missfiel dem eifersüchtigen Gatten schon bald und er verbot ihm weitere Besuche.

Im Alter versuchte Goethe, seine Beziehung zu Maximiliane herunterzuspielen, und bezeichnete sie als »geschwisterliches Verhältnis«. Aber da hat er ja nun ganz offensichtlich geschwindelt.

… ANNA ELISABETH SCHÖNEMANN

Bei einem Konzert im Hause Schönemann im Januar 1775 bezauberte die sechzehnjährige Anna Elisabeth, einzige Tochter der reichen Frankfurter Bankierswitwe Susanne Elisabeth Schönemann, Goethe mir ihrem Klavierspiel. Da sie außerdem noch klug und gut aussehend war, suchte er von nun an ständig ihre Nähe und beide genossen die miteinander verbrachte Zeit. Seine Gefühle für »Lili« beflügelten Johann Wolfgang; er schrieb Gedichte und begann mit der Arbeit an verschiedenen Prosastücken.

Obwohl sie unterschiedlichen Konfessionen angehörten – er war lutherisch, sie reformiert – und die Familien einer Verbindung ablehnend gegenüberstanden, weil beide für die jungen Leute eine geeignetere Partie erhofften, kam es im April zur Verlobung – freilich auf eher kuriose Art: Eine gemeinsame Freundin befahl den unentschlossen Verliebten resolut, einander die Hände zu reichen. Für Goethe gewann die Beziehung zu Lili dadurch an Ernsthaftigkeit: »War sie mir bisher schön, anmutig, anziehend vorgekommen, so erschien sie mir nun als würdig und bedeutend.« Trotzdem brach er Mitte Mai zu einer Reise in die Schweiz auf, um zu erproben, »ob ich Lili entbehren könne«. In »Dichtung und Wahrheit« stellt er es so dar, als ob sie während seiner Abwesenheit zu der Erkenntnis gelangt wäre, es gäbe für sie beide keine gemeinsame Perspektive, doch in Wirklichkeit war der Sachverhalt etwas anders: Von Anfang an hatte er sich im Umkreis der Schönemanns unwohl und nicht akzeptiert gefühlt. Nur Lili zuliebe nahm er manchmal an größeren gesellschaftlichen Anlässen teil; sie waren für ihn reine Strapaze und in der dafür vorgeschriebenen aufwendigen Kostümierung empfand er sich selbst als »Fastnachts-Goethe«, »Papagei auf der Stange« oder gar als »Ratte, die Gift gefressen hat«. Er war dort, im Gegensatz zu Lili, nicht in seinem Element. Schon kurz nach der Verlobung sprach er davon, sie wäre das Mädchen, »das mich unglücklich macht, ohne ihre Schuld, mit der Seele eines Engels«. Letztlich scheinen sie also einfach nicht zueinander gepasst zu haben. Nach seiner Rückkehr gab es viel Zänkereien und Kränkungen von beiden Seiten, sodass Goethe der Einladung des

Herzogs Carl August von Sachsen-Weimar gern Folge leistete und im November an dessen Hof eintraf.

Auch wenn die Verlobung zwischen Johann Wolfgang Goethe und Lili Schönemann also nur ein halbes Jahr Bestand hatte, bekannte der Dichter viele Jahrzehnte später: »Ich bin meinem eigentlichen Glück nie so nahe gewesen als in der Zeit jener Liebe zu Lili.«

… MARIANNE VON WILLEMER

Die vierte Frankfurterin, die sein Blut in Wallung brachte, lernte Goethe fast vierzig Jahre später kennen. 1814 war er längst in privater und beruflicher Hinsicht etabliert: Er lebte in Weimar, war mit Christiane Vulpius, seiner langjährigen Lebensgefährtin und Mutter des gemeinsamen Sohnes August, verheiratet und wurde als Dichterfürst allseits verehrt und geschätzt. In dieser Situation lernte er eine junge Frau kennen, die als Einzige seiner zahlreichen Musen zur Koautorin eines seiner Werke werden sollte.

Höchstwahrscheinlich am 20. November 1784 und höchstwahrscheinlich im österreichischen Linz wurde Marianne, spätere von Willemer, unehelich geboren. Nach der Vermählung ihrer Mutter, der Schauspielerin Elisabeth Pirngruber, mit dem Theaterleiter Joseph Jung erhielt sie den Familiennamen des Stiefvaters. Die kleine Marianne bekam früh Schauspiel- und Ballettunterricht und stand bereits als Achtjährige auf der Bühne. 1798 übersiedelte sie mit ihrer inzwischen verwitweten Mutter nach Frankfurt. Während diese hier kein Engagement ergattern konnte, stand »Demoiselle Jung«

schon im Dezember das erste Mal auf einem Frankfurter Theaterzettel. Sie sorgte vor allem als Tänzerin für Furore. Bei der Aufführung »Die Geburt des Harlekins« schlüpfte sie mit solchem Liebreiz aus dem Ei, dass Clemens Brentano sich nach eigenen Angaben spontan in sie verliebte.

Mittlerweile lag ihr allerdings auch noch ein anderer Frankfurter bewundernd zu Füßen, und das war der vierundzwanzig Jahre ältere sehr vermögende Bankier Johann Jakob Willemer (damals noch nicht »von«, er wurde erst 1816 nobilitiert). Der zweimalige Witwer und Vater von fünf Kindern war ein großer Theaterliebhaber, wobei man hinter vorgehaltener Hand kolportierte, dass seine Leidenschaft hauptsächlich den hübschen Darstellerinnen galt und weniger den Inszenierungen. Marianne war keine Schönheit im eigentliche Sinne, aber attraktiv und sehr verführerisch, und so kaufte er sie ihrer Mutter einfach ab. Gegen 2 000 Gulden in bar, die Zahlung einer Leibrente und das Versprechen, dass für die Tochter in Zukunft gesorgt würde, gab die mittellose Frau ihr Einverständnis und verließ anschließend die Stadt. Willemer hielt Wort. Er nahm das Mädchen bei sich im Haus »Zum roten Männchen« am Fahrtor auf und ließ ihm zusammen mit seinen Kindern eine gute Erziehung angedeihen, insbesondere in musikalischer Hinsicht. Mariannes schauspielerische Karriere förderte er freilich nicht; im April 1800 stand sie das letzte Mal auf der Bühne. Ganz Frankfurt lästerte darüber, dass der Pflegevater bei seiner angeblichen »Ziehtochter« bestimmt nicht nur in pädagogischer Hinsicht Ambitionen hätte. Wann die beiden ein Paar wurden, lässt sich heute nicht mehr rekonstruieren, aber dass Mariannes unklare Stellung im Haus sie in den Augen der Öffentlichkeit von Anfang an kompromittierte, steht außer Frage.

Im Sommer 1814 unternahm Goethe das erste Mal nach langer Zeit wieder eine Reise in das Rhein-Main-Gebiet. Kurz zuvor hatte er mit

der Lektüre des persischen Lyrikers Hafis begonnen, die ihn sofort in ihren Bann gezogen und zu eigenen Gedichten inspiriert hatte. Als könnte er in die Zukunft blicken, schrieb er am 25. Juli: »So sollst du, muntrer Greis, / Dich nicht betrüben, / Sind gleich die Haare weiß, / Doch wirst du lieben.«

Während Goethes Kuraufenthalt in Wiesbaden besuchte Geheimrat Willemer am 4. August den Jugendfreund zusammen »mit seiner kleinen Gefährtin«, wie der Dichter Marianne seiner Frau gegenüber bezeichnete. Bei dieser ersten Begegnung scheint sie also noch keinen bleibenden Eindruck auf ihn hinterlassen zu haben. Mitte September kam er dann zu einem Gegenbesuch nach Frankfurt. Der Bankier lud ihn auf seinen Landsitz ein, die auf halbem Weg nach Offenbach malerisch am Ufer des Mains gelegene Gerbermühle. »Mondschein und Sonnenuntergänge«, von ihm anschließend als »unendlich schön« notiert, dürften ebenso zur romantischen Stimmung beigetragen haben wie die charmante Marianne.

Als Goethe nach einer kurzen Heidelberg-Reise wieder in seine Geburtsstadt zurückkehrte, war aus der Mätresse überraschend »Frau Geheimrätin Willemer« geworden. Am 27. September hatten Johann Jakob und sie überstürzt – ohne Verlobung und Aufgebot – geheiratet. Es wird nach wie vor viel spekuliert, was der Grund für die plötzliche Legitimierung dieser wilden Ehe war, und meistens wird er in der Person Goethes vermutet. Mag sein, dass Willemer eine gewisse Vorahnung hatte, denn man geht heute davon aus, dass es

bei der dritten Begegnung zwischen dem Dichter und Marianne am 12. Oktober endgültig gefunkt hat, als dieser bei dem frisch gebackenen Ehepaar vorsprach und nur die Dame des Hauses antraf. Noch am selben Tag schrieb sie in sein Stammbuch den neckisch-koketten Vers: »Zu den Kleinen zähl ich mich, / Liebe Kleine nennst Du mich. / Willst Du immer so mich heißen, / Werd ich stets mich glücklich preisen, / Bleibe gern mein Leben lang / Lang wie breit und breit wie lang.«

Sechs Tage später bewunderten Goethe und die Willemers vom Frankfurter Mühlberg aus die ringsum entzündeten Freudenfeuer zum Jahrestag der Völkerschlacht bei Leipzig. Von dem winzigen turmartigen Gartenpavillon, der heute Willemer-Häuschen heißt, hatte man eine herrliche Sicht, und trotz Anwesenheit des Gattens wurde der Abend für den fünfundsechzigjährigen Dichter und die dreißigjährige Marianne zu einem beglückenden Erlebnis. Es heißt, er hätte damals zwei Zeilen einer persischen Elegie an die Wand des Türmchens geschrieben: »Ich besänft'ge mein Herz, mit süßer Hoffnung ihm schmeichelnd. / Eng ist das Leben fürwahr, aber die Hoffnung ist weit.« Zu Mariannes großem Bedauern ging das mit Datum und Unterschrift versehene Graffito bei einer späteren Renovierung verloren. Nun musste sie sich wirklich erst einmal an die Hoffnung auf ein Wiedersehen klammern, denn ihr Geliebter brach kurz nach diesem Abend nach Weimar auf.

Es dauerte bis zum Spätsommer 1815, bis Goethe nach Frankfurt zurückkehrte. Er hatte die Zeit äußerst produktiv genutzt und viele Gedichte verfasst, die später in dem Band »West-östlicher Divan« veröffentlicht werden sollten. Marianne und er waren in dieser Zeit immer in Verbindung geblieben. Am 12. August nahm er bei den Willemers auf der Gerbermühle Quartier und blieb hier für mehrere Wochen. Vormittags arbeitete er in völliger Abgeschiedenheit, nachmittags unternahm man gemeinsame Spaziergänge und abends las er aus seinen neuesten Werken vor. Es war eine unbeschwerte Zeit in heiterer Atmosphäre. Deswegen traf Marianne Goethes Anfang September geäußerter Wunsch, lieber in der Stadt wohnen zu wollen, auch völlig unvorbereitet. Als gute Gastgeber überließen ihm die Willemers ihre Wohnung im »Roten Männchen«, blieben aber ihrerseits weiterhin auf dem Lande. Wenn Goethe auf diese Weise seinen immer stärker werdenden Gefühlen Einhalt gebieten wollte, gelang ihm das nicht besonders gut, denn am 12. September eröffnete er einen kurzen, intensiven poetischen Dialog mit Marianne. Er schickte ihr das mit »Hatem« überschriebene erste direkt an sie gerichtete Gedicht:

Nicht Gelegenheit macht Diebe,
Sie ist selbst der größte Dieb;
Denn sie stahl den Rest der Liebe
Die mir noch im Herzen blieb.

Dir hat sie ihn übergeben,
Meines Lebens Vollgewinn,
Daß ich nun, verarmt, mein Leben
Nur von dir gewärtig bin.

(...)

Marianne, die ihn von ganzem Herzen liebte, hatte auf eine so deutliche Erklärung seiner Empfindungen schon lange sehnsüchtig gewartet. Sie antwortete ihm nur vier Tage später mit einem »Suleika«-Gedicht, in dem sie seine Worte aufnahm und sehr gekonnt damit spielte:

Hochbeglückt in deiner Liebe
Schelt ich nicht Gelegenheit;
Ward sie auch an dir zum Diebe,
Wie mich solch ein Raub erfreut!

Und wozu denn auch berauben?
Gib dich mir aus freier Wahl!
Gar zu gerne möcht' ich glauben –
Ja! Ich bin's, die dich bestahl.

Was so willig du gegeben,
Bringt dir herrlichen Gewinn;

Meine Ruh', mein reiches Leben
Geb' ich freudig; nimm es hin.

Scherze nicht! Nichts von Verarmen!
Macht uns nicht die Liebe reich?
Halt ich dich in meinen Armen,
Jedem Glück ist meines gleich.

Diese Zeilen machten Goethe unmissverständlich klar, was er angerichtet hatte. Bereits am übernächsten Tag flüchtete er aus der Stadt in Richtung Heidelberg, wohin ihm die Willemers jedoch folgten. Auf der Reise formulierte Marianne ihre Angst und ihre Hoffnung, die sie mit dem Wiedersehen verband:

Was bedeutet die Bewegung?
Bringt der Ost mir frohe Kunde?
Seiner Schwingen frische Regung
Kühlt des Herzens tiefe Wunde.

(...)

Ach! die wahre Herzenskunde,
Liebeshauch, erfrischtes Leben
Wird mir nur aus seinem Munde,
Kann mir nur sein Atem geben!

In der Stadt am Neckar verbrachten die beiden – immer in Anwesenheit von Johann Jakob Willemer und seiner Tochter Rosine – drei allerletzte schmerzlich-süße Tage miteinander. Marianne hatte ihm bereits in Frankfurt ein Ginkgoblatt gesandt und dazu geschrieben, »daß ich eins und doppelt bin«; nun zeigte der Angebetete ihr einen Ginkgobaum im Schlosspark und stellte die Frage: »Ist es eins, das sich in zwei teilt, oder zwei, die sich in eins verbinden?« Danach trennte man sich.

Goethe wusste, dass es ihre letzte Begegnung gewesen war, ja sein musste, da eine Beziehung zwischen zwei anderweitig gebundenen Menschen keine Chance haben konnte. Trotzdem war er innerlich zerrissen, was auch in dem Gedicht »Ginkgo biloba« zum Ausdruck kommt, das er noch in der Abschiedsstimmung verfasste und Marianne zukommen ließ.

Ihr Schmerz war allerdings ungleich größer, weil sie den Anteil der Fiktion in Goethes Leben unterschätzt hatte. Kurz nach dem Auseinandergehen rief sie aus:

Ach, um deine feuchten Schwingen,
West, wie sehr ich dich beneide:
Denn du kannst ihm Kunde bringen,
Was ich in der Trennung leide!

(...)

Goethe gelang es in der Folge, seine Niedergeschlagenheit durch die Arbeit am »West-östlichen Divan« zu bekämpfen, der sein bedeutendstes lyrisches Werk wurde. Marianne verewigte er als »Suleika« und nahm ihre drei Lieder »Hochbeglückt in deiner Liebe«, »Was bedeutet die Bewegung?« und »Ach! um deine feuchten Schwingen« darin auf, ohne freilich die Autorin zu nennen. Dieses Geheimnis lüftete sie erst lange nach seinem Tod 1832.

Marianne verkraftete ihre unglückliche Liebe nie wirklich. Sie hatte immer wieder mit Depressionen und gesundheitlichen Krisen zu kämpfen und suchte ihr Heil bereits früh in der Rolle des »Großmütterchens«, als das sie sich selbst bezeichnete. Sie pflegte ihren Mann, bis dieser 1838 verstarb, und führte danach ein sehr zurückgezogenes Leben. Sie selbst erlag mit sechsundsiebzig Jahren einem Herzschlag und wurde auf dem Frankfurter Hauptfriedhof beerdigt. Neben ihrer Grabstätte wurde ein Ginkgobaum gepflanzt.

UNERSÄTTLICHE LIEBE

DER FRANKFURTER CASANOVA

Johann Conrad Friederich & …

Bestimmt sind Sie jetzt auch der Meinung, in Frankfurts – vielleicht sogar in Deutschlands – Geschichte gab es niemals einen größeren Womanizer als Goethe! Obwohl seine vielen Liebschaften in diesem Buch gar nicht erschöpfend vorgestellt werden, sondern sich aus gegebenem Anlass auf seine heimischen Aktivitäten beschränken wird, konnte dieser Eindruck sicherlich entstehen. Aber fällen Sie Ihr Urteil nicht zu früh, schließlich kennen Sie Johann Conrad Friederich noch nicht!

Frankfurts wahrer Experte in Liebesdingen wurde am 5. Dezember 1789 im Haus »Zum goldenen Schiff« an der Ecke Fahrgasse und Badstubenplätzchen, dem späteren Einhornplatz, geboren. Schon früh zeichnete sich ab, dass der Sohn eines biederen Spezereihändlers nicht den Beruf des Vaters ergreifen würde. Mit noch nicht einmal sieben Jahren richtete er sich im Haus der Großeltern ein kleines Theater mit Bühne, Garderobe und Maske ein, inszenierte mithilfe seiner Spielgefährten mehrere Stücke und verkündete der schockierten Verwandtschaft mit Nachdruck, Schauspieler werden zu wollen. Nur wenig älter, entwickelte er eine bedenkliche Vorliebe für das weibliche Personal: »Einstweilen wurde ich der kleine Geliebte eines hübschen Nähmädchens, das mich in besondere Affektion und statt zu nähen gar zu gern auf seinen Schoß nahm, mich herzte und drückte und dabei meine Hände unter seinem Brusttuch wärmte, auch sonst allerlei mit mir vornahm.«

Wer mochte es den Eltern verübeln, dass sie ihr Sorgenkind schnellstens in die Hände eines gestrengen Lehrers nach Homburg gaben?

Hier erlebte Johann seine »Flegeljahre« und poussierte unter anderem mit einer Cousine, sodass ihm eine Ortsveränderung verordnet wurde. Zwecks Komplettierung der Erziehung schickte man ihn nach Offenbach geschickt, wo er sich – wen wundert's? – in weitere Liebeshändel verstrickte. Trotz dieser Ablenkungen gelang es, ihm eine hervorragende Ausbildung angedeihen zu lassen, die neben Sprachen und Naturwissenschaften auch Musik (Klavier und Gesang), Zeichnen sowie Reiten, Schlittschuhlaufen und Billard umfasste. Das Offenbacher Intermezzo wurde von einem zweiten Homburg-Aufenthalt abgelöst, währenddessen er seine Passion für »Liebesintrigen« entdeckte, wie er es später selbst formulieren würde. Darunter verstand er vor allem das Anbahnen von zärtlichen Kontakten unter Verwendung aller nur denkbaren Mittel. Besonders gern arrangierte er Landpartien und Feste, auf denen er mit viel List und noch mehr Tücke die Paare zusammenführen konnte. Ein Kenner Friederichs resümiert: »Je mehr Widerstand, je mehr Schwierigkeiten einer intimen Liebesbeziehung im Weg standen, umso erfinderischer wurde er.«

Das Spiel mit der Liebe wurde zu seinem Lebensinhalt. Muss noch erwähnt werden, dass Friederich, keine sechzehn Jahre alt, in Homburg mit der Frau eines Hofbeamten anbändelte und sich sogar, was seinen ausgeprägten Hang zur Melodramatik zeigt, mit dem gehörnten Gatten duellieren wollte, was man gerade noch zu verhindern wusste? Nun trat in Frankfurt der Familienrat zusammen, um über die weitere Zukunft des jungen Mannes zu entscheiden. Da der Vater immer noch nichts von einer Schauspielkarriere des Sohnes wissen wollte, einigte man sich auf die Offizierslaufbahn, weil man wahrscheinlich hoffte, ihm würde so Disziplin beigebracht werden.

So trat er 1805 in die napoleonische Armee ein. Sofort eröffnete er dort ein Liebhabertheater und spielte zum allgemeinen Ergötzen der Kameraden und Vorgesetzten deutsche und französische Dramen, bis, ja bis ihm die intime Beziehung zu einer Actrice die Ungnade ihres Liebhabers, eines Regimentskommandanten, und damit vierzehn Tage Arrest einbrachte.

Es wäre ein schier unmögliches Unterfangen, eine detaillierte Liste all seiner Techtelmechtel aufstellen zu wollen. Wo auch immer er stationiert war, ob in Italien, Frankreich oder Spanien, nie blieb er lang allein, die Frauenherzen flogen ihm förmlich entgegen; oft unterhielt er mehrere Verhältnisse gleichzeitig, wobei er keine Unterschiede zwischen den gesellschaftlichen Ständen machte. Es war sein Glück, dass er immer wieder einen Marschbefehl bekam, bevor die Situation allzu brenzlig werden konnte. Die meisten Eroberungen gelangen ihm durch seine Opernaufführungen, in denen er selbst in die Rolle von Mozarts »Don Juan« schlüpfte, wozu keine großen Verstellungskünste notwendig gewesen sein dürften. Auf diese Weise schmeichelte er sich Ende des Jahres 1806 auch in das Herz von Roms schönster Frau, der Fürstin Cesarini. Sie bekam ein Kind von ihm, doch da war er schon wieder versetzt worden.

So reihte sich ein amouröses Abenteuer an das andere. Das änderte sich auch nicht, als er nach dem Sturz Napoleons die Fronten wechselte und sich von den Preußen anwerben ließ.

Auf Dauer konnte er sich allerdings nicht mit der dort vorherrschenden Zucht und Ordnung anfreunden, nahm daher 1818 seinen Abschied und kehrte nach Aufenthalten in Berlin und Bremen mit zweiunddreißig Jahren nach Frankfurt zurück. Er führte fortan das vergleichsweise ruhige Leben eines Schriftsteller und Publizisten, gab verschiedene Zeitschriften heraus, die allerdings teilweise wegen ihrer kritischen politischen Äußerungen von der Zensur verboten wurden, und veröffentlichte ungeheuer viele Bücher zu den unterschiedlichsten Themen. Obwohl einige sehr ambitioniert waren, darunter beispielsweise eine Geschichte der Französischen Revolution, blieb ihnen die Anerkennung versagt. Aus ökonomischen Zwängen heraus kam er auf die Idee, seine Memoiren zu schreiben, von deren großem Unterhaltungswert er überzeugt war. »Gestehen muß ich, daß, wenn ich jetzt meine geheimen Tagebücher durchsehe, mich selbst schauert, so ein wilder Wüstling gewesen zu sein, da ich bisweilen einem ganzen Dutzend Frauen und Mädchen den Hof gemacht und wohl gar Verwünschungen hervorgerufen.» Ob das so ganz ernst gemeint war? 1848/49 erschienen die »Vierzig Jahre aus dem Leben eines Toten», angeblich aus der Hinterlassenschaft eines französisch-preußischen Offiziers stammend, in drei dicken Bänden. Friederich, der sein ganzes Leben aus Angst vor der Zensur unter Pseudonymen publiziert hatte, hatte hier den Ich-Erzähler »Fröhlich» getauft. Nomen est omen.

Nachgewiesenermaßen stimmt nicht alles in dieser Biografie, die man wohl eher als »Lebensroman« bezeichnen könnte. Der Titel sollte nach dem Willen des Autors auch »Wahrheit und Dichtung oder Vierzig Jahre aus dem Leben eines Toten« heißen, in Anspielung auf Goethes Alterswerk »Dichtung und Wahrheit«, doch der Verleger setzte sich darüber einfach hinweg – wahrscheinlich scheute er den direkten Vergleich mit dem großen Dichter. Den »Vierzig Jahren« war zunächst kein unternehmerischer Erfolg beschieden, weswegen sie in der zweiten Auflage stark gekürzt und mit dem Zusatz »genannt auch der deutsche Casanova« versehen wurden. Das förderte den Verkauf tatsächlich, sodass später sogar noch Fortsetzungen gedruckt werden konnten.

Heute sind Friederichs Erinnerungen wieder in ganzer Länge erhältlich. Die Lektüre lohnt sich! Man kann sich zum einen an der amüsant geschriebenen Sittengeschichte einer ganzen Epoche, zum anderen an der espritvollen, mit viel Selbstironie gewürzten Schilderung seiner ungezählten »Amouretten« erfreuen.

In Frankfurt lösten die Veröffentlichungen zu ihrer Zeit einen riesigen Skandal aus, da der Autor mit den politischen und gesellschaftlichen Verhältnissen der Stadt hart ins Gericht gegangen war. Friederich zog es daher vor, seine Heimat zu verlassen, und fristete seine letzten Lebensjahre in Le Havre, wo er, einsam und verarmt, am 1. Mai 1858 unter ungeklärten Umständen starb.

Geheiratet hatte er übrigens nie ... Das mag daran gelegen haben, dass er zumindest die erste Hälfte seines Lebens als komische Oper inszeniert hatte. Die Bezeichnung »deutscher Casanova« traf durchaus zu, denn hinsichtlich Quantität und Freimütigkeit seiner Geständnisse stand er dem Italiener wahrlich in nichts nach. Er kannte natürlich auch dessen Aufzeichnungen und kopierte sie bisweilen in seinen eigenen Werken. Einen signifikanten Unterschied gab es jedoch zwischen den beiden: Casanova war ein sentimentaler Typ, der trotz allen Draufgängertums immer auf der Suche nach der großen Liebe war. Friederich hatte dagegen eine sehr viel zynischere Einstellung, ihm ging es um den Reiz des Spiels mit der Liebe; jede ernsthafte Wendung in einer Beziehung schreckte ihn ab und ließ ihn sofort die Flucht ergreifen. »Das ewige Einerlei tötet ..., sobald der Reiz der Neuheit vorüber ist, und macht jeder ewigen Liebe ein Ende.«

Der Schriftsteller Kasimir Edschmid nannte Johann Conrad Friederich einmal »den tollsten Burschen, den Frankfurt neben Goethe hervorgebracht hat«. Damit schließt sich an dieser Stelle der Kreis und wir sind wieder am Ausgangspunkt dieses kleinen Exkurses angekommen.

Seite 176, Kapitel X

DIE LIEBE IN THEORIE UND PRAXIS:

Erich Fromm & Frieda Reichmann

Nachdem wir gerade mit Johann Conrad Friederich den vielleicht größten Praktiker Frankfurts in Sachen Liebe kennengelernt haben, kommen wir zum guten Schluss noch zum größten Theoretiker, den die Stadt auf diesem Gebiet jemals hervorgebracht hat. Gemeint ist Erich Fromm, dessen 1956 erstmals erschienenes Buch »Die Kunst des Liebens« weltweite Erfolge feierte und es heute noch tut.

Der Autor formuliert darin seine Erkenntnis, dass Liebe eine menschliche Grundhaltung ist, die nicht nur auf ein einziges Objekt bezogen werden darf, sondern sich auf die gesamte Umwelt erstrecken muss. Sie lässt sich, abhängig vom Objekt, in fünf verschiedene »Arten« unterteilen: »Mutterliebe«, »Nächstenliebe«, »erotische Liebe«, »Selbstliebe« und »Liebe zu Gott«. Für uns ist an dieser Stelle natürlich am interessantesten, was Fromm zum Thema »erotische Liebe« zu sagen hat. Er spricht darin viele Probleme an, mit denen sich die meisten von uns auch schon einmal auseinandergesetzt haben dürften. Zum Beispiel weist er auf den weitverbreiteten Egoismus in der Liebe hin; für viele Menschen bedeutet Liebe vor allem, geliebt zu werden, und weniger, selbst zu lieben. Oder er zeigt auf, wie häufig anfängliches Verliebtsein (»falling in love«) und dauerhaftes Lieben (»being in

love«) verwechselt werden. Er warnt vor solchen und weiteren Irrtümern, die oft fatale Konsequenzen für eine Zweierbeziehung nach sich ziehen. Fromm konstatiert außerdem den Verfall der Liebe in der kapitalistischen Gesellschaft, in der man sich den Partner nach marktwirtschaftlichen Kriterien, gemäß dem eigenen Tauschwert, aussucht. Im letzten Kapitel des Werks gibt es übrigens auch einen Praxisteil. Darin erklärt der Autor, dass jede Form von Liebe ohne die vier Voraussetzungen Disziplin, Konzentration, Geduld und Hingabe chancenlos ist und nicht am Leben erhalten werden kann. Liebe erfordert kontinuierliches aktives Bemühen.

Alles in allem stellt Fromm fest, dass die Liebe in unseren Breiten einen schweren Stand hat, dass eine Gesellschaft ohne Liebe sich aber nur selbst zerstören kann.

Sein Resümee: »Die Liebe ist die einzig vernünftige und befriedigende Lösung des Problems der menschlichen Existenz.« Ihr muss der höchste Stellenwert im Leben eingeräumt werden, weit vor Erfolg, Prestige, Geld und Macht. Das tun allerdings seines Erachtens die wenigsten Menschen; die meisten verwenden viel zu wenig Zeit und Energie auf sie und betreiben die »Kunst des Liebens« eher dilettantisch. Überprüfen wir doch jetzt einmal, wie gut er selbst diese Kunst im Alltag beherrschte.

Erich Pinchas Fromm wurde am 23. März 1900 in Frankfurt am Main geboren. Er wuchs als einziges Kind des Weinhändlers Naphtali Fromm und seiner Frau Rosa im Haus Liebigstraße 27 im Westend auf. Aus der streng religiösen jüdischen Familie waren bereits zahlreiche Rabbiner hervorgegangen. Deswegen besuchte er neben dem Gymnasium eine Thoraschule, wurde Mitbegründer des »Freien Jüdischen Lehrhauses« in Frankfurt und dachte lange daran, ebenfalls die Rabbinerlaufbahn einzuschlagen. Tatsächlich immatrikulierte er sich dann aber nach dem Abitur an der Johann Wolfgang Goethe-Universität, Fachbereich Rechtswissenschaften. Bereits nach zwei Semestern wechselte er nach Heidelberg und studierte dort Soziologie, Psychologie und Philosophie. 1922 wurde er bei Alfred Weber über »Das jüdische Gesetz« promoviert.

Frieda Reichmanns Elternhaus war ebenfalls jüdisch-orthodox. Sie wurde am 23. Oktober 1889 in Karlsruhe geboren. Vermutlich weil der Bankier Alfred Reichmann und seine Frau Klara keine Söhne hatten, gestatteten sie ihrer ältesten Tochter mehr Freiheiten als damals für strenggläubige jüdische Mädchen und Frauen üblich.

1908 schrieb sie sich, vom Vater ermutigt, an der Medizinischen Fakultät von Königsberg in Ostpreußen ein, wo sie 1911 das Staatsexamen bestand. 1914 beendete sie ihre Dissertation über Pupillenstörungen bei Schizophrenen. Ihr Lehrer war der berühmte Neurologe Kurt Goldstein. Während des Ersten Weltkriegs behandelte sie als seine Assistenzärztin an der Universitätsklinik von Königsberg hirnverletzte deutsche Soldaten. Dadurch wurde ihr Interesse für Psychoanalyse geweckt. Da das Krankenhaus »Weißer Hirsch« in Dresden damals die einzige Einrichtung mit stationärer Psychotherapie in Deutschland war, arbeitete sie von 1920 bis 1923 dort. Gleichzeitig begann sie eine Lehranalyse, die sie bei Hanns Sachs in Berlin abschloss. Und 1924 war es dann so weit: Sie eröffnete ihr eigenes psychoanalytisches Sanatorium in Heidelberg, das »Therapeutikum«.

In der Stadt am Neckar traf sie auch Erich Fromm wieder, den sie bereits einige Jahre zuvor über ihre Jugendfreundin Golde Ginsburg kennengelernt hatte. Golde und Erich waren seit 1920 ein Paar und inzwischen sogar verlobt, aber kurz nachdem er seine Braut dem Freund Leo Löwenthal vorgestellt hatte, ging die Verbindung in die Brüche. Golde und Leo hatten sich verliebt und heirateten 1923. Dafür entwickelte sich nun ein herzlicher Kontakt zwischen Erich und Frieda. Im »Therapeutikum«, in dem die Psychoanalyse nach Sigmund Freud praktiziert wurde, therapierte Frau Doktor Reichmann anfangs jeden, der nicht schnell genug flüchtete. Erstens brauchte sie Übung und zweitens konnte sie auf diese Weise auch ihre Rechnungen begleichen, denn sie hatte sich für ihre Klinik hoch verschulden müssen und war daher öfter knapp bei Kasse. So erzählte sie selbst: »Ich analysierte die Haushälterin und auch den Koch, und man kann sich vorstellen, was passierte, wenn diese in einer Phase des Widerstands waren! Es war eine wilde Geschichte, weshalb wir sie später auch wieder aufgaben.«

Schon bald wurde auch Erich Fromm einer ihrer Analysanden. Und dann geschah genau das, was in einer Beziehung zwischen Arzt und Patient auf keinen Fall passieren sollte. Sie verliebten sich ineinander. Immerhin waren sie so vernünftig, die Psychoanalyse abzubrechen. Fromm führte sie später bei einem Kollegen Friedas weiter. Beide sezierten nun ihr Liebesverhältnis haarklein, miteinander und mit Außenstehenden, und entschlossen sich erst nach ausgiebiger Erörterung aller Vor- und Nachteile zur Hochzeit, die am 16. Juni 1926 stattfand.

Sie wäre fast noch wegen einer Mandelentzündung Friedas geplatzt, die von ihnen als unbewusster körperlicher Verhinderungsversuch der Braut gedeutet worden war. Beide hegten nämlich große Bewunderung für Georg Groddeck, den sogenannten Vater der Psychosomatik.

In diesem Jahr gab es für das Ehepaar noch einen weiteren prägenden Einschnitt. Sie distanzierten sich von der jüdischen Orthodoxie. Ursprünglich hatte Frieda sich in ihrem Sanatorium besonders auf die Behandlung jüdischer Patienten spezialisiert, mit der Begründung: »Wir dachten, wenn es stimmt, daß es Menschen besser geht, wenn ihnen ihr Verdrängtes bewußt gemacht wird und wenn dies für den einzelnen zutrifft, dann sollte es auch für jüdische Menschen in einer Gruppe richtig sein.« Sie führte das Haus unter Berücksichtigung aller orthodoxen Gebote wie der Speisegesetze, der Feiertage usw. Schnell bekam es daher den Spitznamen »Thorapeutikum« verpasst. Die Analyseergebnisse zeigten aber, dass die strengen Vorschriften die Patienten stark einengten oder ihre Nichteinhaltung bei ihnen Schuldgefühle provozierte. Erich und Frieda empfanden das selbst genauso. Zunächst begannen sie, sich im Verborgenen dagegen aufzulehnen. Beispielsweise gingen sie am Pessachfest in den Park, aßen heimlich gesäuertes Brot und erfreuten sich an dem Nervenkitzel. Nachdem sie sich offiziell vom strenggläubigen Judentum abgewandt hatten, zog Frieda auch beruflich die Konsequenz und änderte die Ausrichtung ihrer Klinik. Letztlich führte das zur Aufgabe des »Therapeutikums« im Jahr 1928.

Fortan arbeiteten Erich Fromm und Frieda Fromm-Reichmann, wie sie sich seit der Eheschließung nannte, eng zusammen. Sie waren 1929 Mitbegründer des »Frankfurter Psychoanalytischen Instituts« und hier als Dozenten tätig. 1930 wurde Fromm Mitglied des ebenfalls in Frankfurt ansässigen »Instituts für Sozialforschung«, das heute noch existiert, und war hier für alle Fragen der Psychoanalyse und

Sozialpsychologie zuständig. Zu diesem Zeitpunkt hatte der Nicht-Mediziner eine Ausbildung als Laienanalytiker abgeschlossen.

Im Sommer 1931 erkrankte Erich Fromm an Lungentuberkulose. Seine Frau und er glaubten, darin eine Reaktion auf vorhandene Eheprobleme und den unterschwelligen Wunsch nach Distanz erkennen zu können. Erich reiste zur Kur ins schweizerische Davos und blieb dort mit Unterbrechungen bis 1934. In dieser Zeit beschloss das Paar die Trennung. Die offizielle Scheidung erfolgte erst 1942. Während Frieda danach nicht mehr heiratete, tat Erich dies noch zweimal.

Beide blieben bis zum Tode Friedas 1957 beruflich und privat verbunden, da sie weiterhin freundschaftliche Gefühle und kollegiale Achtung füreinander empfanden. Beide machten auch glänzende Karrieren. Erich Fromm wurde *die* Koryphäe auf dem Gebiet der Sozialpsychologie und seine gesellschaftskritischen Veröffentlichungen fanden auch oder gerade außerhalb der akademischen Fachwelt ein großes Publikum. Viele seiner Werke wurden zu Bestsellern. Frieda Fromm-Reichmann gilt als Pionierin auf dem Gebiet der analytisch orientierten Psychotherapie von Psychosen. Ihre bekannteste Patientin wurde Joanne Greenberg, die unter dem Pseudonym »Hannah Green« das Buch »Ich hab dir nie einen Rosengarten versprochen« veröffentlichte. Sie berichtet darin von ihrer Schizophrenie-Erkrankung und ihrer Therapie bei Dr. Fromm-Reichmann.

Was sind nun die Gründe für das Scheitern der Beziehung zwischen Erich Fromm und Frieda Fromm-Reichmann? Sie waren sich charakterlich scheinbar sehr ähnlich. Beide wurden von ihrer Umgebung als liebe, warmherzige und freundliche Personen geschildert, die zugleich über einen messerscharfen Verstand verfügten. Beide hatten die gleichen Interessen, darüber fanden sie ja überhaupt zueinander. Doch das reicht wohl kaum, wenn die erotische Komponente zu kurz kommt, und das schien hier der Fall gewesen zu sein. Vielleicht hing es auch mit ihrem Altersunterschied zusammen: Frieda war fast elf Jahre älter als ihr Mann. Möglicherweise wechselte sie durch die Heirat bloß von der Rolle der Ärztin in die der mütterlichen Freundin. Sie selbst sagte einmal über ihre Ehe: »Ich hatte bekommen, was ich wollte: einen sehr intelligenten, sehr warmen, sehr wohl-erzogenen Mann, der sich in vielen Bereichen auskannte, von denen ich keine Ahnung hatte.« Begehren klingt anders. Es kann aber auch sein, dass die körperliche Anziehung anfänglich noch vorhanden war und im Lauf der Zeit immer weniger wurde, was wiederum daran liegen könnte, dass diese Partnerschaft schon viel zu kopflastig begonnen und dann regelrecht kaputtanalysiert wurde.

In der »Kunst des Liebens« reiht sich ein wunderschöner Aphorismus an den nächsten, aber offensichtlich fällt die theoretische Analyse eben doch leichter als die praktische Umsetzung. Auch wenn Fromm das Buch erst Jahrzehnte nach seiner Partnerschaft mit Frieda geschrieben hat und seine Erfahrungen aus dieser und späteren Beziehungen eingeflossen sein mögen, ändert das nichts an der Tatsache, dass zwischen dem Anspruch, den wir Menschen an die Liebe stellen, und der Realität, wie wir sie leben, meist eine große Kluft besteht. In früheren Jahrhunderten lag das oft an den gesellschaftlichen Rahmenbedingungen, wie einige unserer Frankfurter Liebesgeschichten aus 1200 Jahren eindrucksvoll beweisen. Viele Barrieren, die es für Liebende damals noch gab, fallen heute weg. Trotzdem kann man nicht sagen, dass die »Kunst des Liebens« dadurch einfacher geworden sei. Was aber keineswegs bedeutet, dass wir nun deswegen auf die Liebe verzichten sollten. Denn ohne sie ist das Leben doch nur halb so schön! Und das wusste schon Frankfurts berühmtester Sohn, Johann Wolfgang von Goethe, der im Mai 1822 auf die Frage nach seinem Befinden antwortete: »Schlecht, denn ich bin weder verliebt, noch ist jemand in mich verliebt.«

14
136
100
103
115
83
38
130
29
90
22
???
72
145
59
9
123
66
49
126
14
Rothschild-park
Alte Oper
Börse
Deutsche Bundesbank Hauptverw.
Städt. Bühnen
Hauptbahnhof
Westhafen
Mainkai
Schaumainkai
Untermainbrücke
Holbeinsteg
Friedensbrücke
Hochsch. f. Musik u. D. Kunst
Eschenhmr. Turm
Sachsenhsr. Ufer

45
52
161
166
Bornheim
Ostpark
Zoologischer Garten
Hanauer Landstraße
Berger Str.
Habsburgerallee
Luxemburgerallee
Ostparkstraße
Bf. Ffm.-Ost
Osthafen
Nordbecken
Südbecken
Vorbecken
Franziusplatz
Franziusstraße
Danziger Platz
Bildungszentrum
Oskar-v.-Miller-Str.
Obermainkai
Eyssenstraße
Main
Gerbermühle
Deutschherrnufer
Deutschherrnbrücke
Mainwasenweg
B 43
Gerbermühlstr.
Strahlenberger Weg
Im Bärengarten
Länderweg
Bf. Ffm.-Mühlberg
Offenbacher Landstraße
Sachsenhausen
Soz.- u. Reha-Zentr.
Auf dem Mühlberg
Phil.-Theol. Hochschule
Speckgasse
Hanssenweg
Frankfurt
Ratsweg

INHALT

9: Hochzeit auf Alten-Limpurg: Ölgemälde von »GH«, 1644; **11:** Innenansicht der Barfüßerkirche: Holzschnitt von Wilhelm Traudt, 1653; **15:** Clemens Brentano: Bleistiftzeichnung von Wilhelm Hensel, 1819; **16:** Clemens Brentano: Büste von Friedrich Tieck, 1803; **20:** Grabplatte Auguste Bussmann: Bethmann Gruft, Frankfurter Hauptfriedhof, Fotografie, 2008, B3 Verlag; **24:** Otto von Bismarck: Zeichnung von Jakob Becker, um 1855, Institut für Stadtgeschichte Frankfurt am Main (IFS); **25:** Johanna von Bismarck: Ölgemälde von Jakob Becker, um 1855, IFS; **26:** Englischer Hof: Fotografie von Hertel, um 1890, IFS; **30:** Friedrich Stoltze: Fotografie, o. N., um 1858; **31:** Katharinenkirche: Zeichnung, o. A., IFS; **35:** Mary Stoltze: Fotografie, o. A.; **36:** Stoltze-Denkmal: Friedrich-Stoltze-Platz, Fotografie, 2008, B3 Verlag; **39:** Susanna Katharina von Klettenberg: Gemälde, o. A., IFS; **40:** Johann Daniel Olenschlager: Gemälde, o. A.; **44:** Susanna Katharina von Klettenberg und Johann Wolfgang Goethe im Gespräch: Holzschnitt von Julius Hamel, o. J; **46:** Alte Brücke: o. N., um 1738, IFS; **47:** Frauenliebe: Radierung, o. A.; **48:** Mörderbrunnen: Radierung, o. A.; **50:** Karl der Große: Ölgemälde von Philipp Veit, 1852; **51:** Karl der Große: Statue von Karl Eduard Wendelstadt, 1843; **53:** Nikolaus Lenau: Kreidezeichnung von Paul Emil Jakobs, 1846; **54:** Marie Behrends: Aquarell, o. A; **57:** Häuser An der Schönen Aussicht 9-11: Fotografie von Carl Friedrich Mylius, 1860, IFS; **61:** Cornelia Goethe: Rötelzeichnung von Johann Ludwig Ernst Morgenstern, um 1770/1772; **65:** Johann Georg Schlosser: Lithographie von Johann Gottlieb Prestel, o. J.; **67:** Annett Stoltze: Druck, o. A.; **69:** Rententurm: Fotografie, 2008, B3 Verlag; **73:** Adlerflychthof: Aquarell von Johann Georg Meyer, um 1799; **75:** Friedrich Hölderlin: Ölgemälde, o. N., um 1788/1793; **76:** Susette Gontard: Zeichnung, o. A., IFS; **78:** Jakob Friedrich Gontard: Ölgemälde, o. A.; **81:** Susette Gontard: Büste von Landolin Ohmacht, um 1795; **82:** Haus »Zum weißen Hirsch«: Lithographie von A. Fay, o. J.; **83:** Wilhelm Busch: Ölgemälde von Franz Lenbach, 1877, Wilhelm Busch Museum Hannover; **84:** Villa Kessler: Zeichnung von Wilhelm Busch (»Die fromme Helene«), 1872; **85:** Johanna Kessler: Ölgemälde von Wilhelm Busch, 1874, Wilhelm Busch Museum Hannover; **89:** Grabmal Johanna Kessler: Frankfurter Hauptfriedhof, Fotografie, 2008, B3 Verlag; **91:** Karoline von Günderrode: Lithographie von V. Schertle, o. J., IFS; **92:** Cronstett-Hynspergisches Stift, Gartenseite: Fotografie von Carl Friedrich Mylius, 1865; **93:** Friedrich Carl von Savigny: Bleistiftzeichnung, o. N., um 1805; **95:** Georg Friedrich Creuzer: Pastell von Jakob Wilhelm Friedrich Roux, um 1820; **96:** Großer Kettenhof: Aquarell, o. N., 1835; **100:** Rotes Haus, am Standort vom früheren »Haus zur Rose«: Fotografie, o. N., um 1891, IFS; **101:** Haus »Zum Türkenschuss«: Fotografie o. N., um 1940, IFS; **103/104:** Maurisches Haus: Fotografien, 2008, B3 Verlag; **105:** Mausoleum Reichenbach-Lessonitz: Frankfurter Hauptfriedhof, Fotografie, 2008, B3 Verlag; **106:** Emilie von Reichenbach-Lessonitz: Miniatur, o. A.; **108:** Wilhelm II. von Hessen-Kassel: Modell für eine Medaille von Heinrich Wilhelm Kompff, um 1820; **110:** Haus Neue Mainzer Straße 54: Fotografie, o. N., um 1937, IFS; **112:**

Katharina Elisabeth Goethe: Gemälde von Joseph Schneider, o. J.; **113:** Karl VII.: Ölgemälde von Max Hailer, 1841; **116:** Hessen-Denkmal: Fotografie, 2008, B3 Verlag; **117:** Sophie von Bethmann-Metzler: Miniatur, o. A.; **118:** Friedrich Wilhelm II. von Preußen: Porträt, o. A. (nach einem Ölgemälde von Graff); **119:** Forsthaus: Kupferstich von Friedrich Geissler (nach einer Zeichnung von Anton Radl), 1816; **121:** Hessen-Denkmal, Stich von Jakob Fürchtegott Dielmann, um 1845; **123/124:** Einhard: Bauplastik am Südbau des Rathauses Römer, Anfang 20. Jahrhundert, Fotografie, 2008, B3 Verlag; **127:** Melemsches Familienwappen: Bauplastik am Steinernen Haus, Fotografie, 2008, B3 Verlag; **128:** Melemsches Hausbuch, o. N., um 1535; **129:** Madonna: Bauplastik am Steinernen Haus, Fotografie, 2008, B3 Verlag; **131:** Komödienhaus: um 1800, IFS; **133:** Karl Wilhelm Ferdinand Unzelmann: Porträt, o. A.; **134:** Katharina Elisabeth Goethe: Aquarell von Georg Friedrich Schmoll, 1774; **137:** Neun in der Wetterfahne: Radierung, o. A.; **138:** Eschenheimer Turm: Fotografien, 2008, B3 Verlag; **140:** Königsbrünnchen: Fotografie, 2008, B3 Verlag; **143:** Affentor aus Richtung Sachsenhausen: Ölgemälde von Behr, 1798; **146:** Villa und Garten Holzmann: Fotografie, o. A., IFS; **147 oben:** Lina Holzmann: Ölgemälde, Selbstbildnis, 1893; **147 unten:** Hans von Schauroth: Radierung von Lina von Schauroth, 1901; **148:** Lina von Schauroth: Fotografie von Karla Ihlder, o. J., IFS; **150:** Züchtigung einer Frau durch ihren Gatten: Holzschnitt o. N., 1456; **152:** Junghof, Aquarell von Carl Theodor Reiffenstein, 1878; **153:** Junghof: Aquarell von Wilhelm Stricker, 1850; **156:** Georg Brentano: Ölgemälde von Bernhard Peter Rausch, 1833; **157:** Maximiliane von Arnim: Ölgemälde von Caroline Bardua, 1845; **158:** Petrihaus: Fotografie, 2008, B3 Verlag; **159:** Maxlaube: Zeichnung, o. N., um 1835/1840; **160:** Maxlaube: Nachbau, Fotografie, 2008, B3 Verlag, 162: Johann Wolfgang Goethe: Ölgemälde, o. N., um 1765; **163:** Maximiliane von La Roche: Pastell, o. A.; **164:** Johann Wolfgang Goethe: Ölminiatur von Johann Daniel Bager, um 1773; **165:** Anna Elisabeth Schönemann: Pastell von Franz Bernhard Frey, 1782; **166:** Marianne Jung: Pastell von Johann Jacob de Lose, 1809; **167:** Jakob von Willemer: Zeichnung von Jung (nach einem Pastell von Anton Radl), um 1819; **168:** Gerbermühle: Aquarell, o. N., um 1820; **169:** Willemer-Häuschen: Fotografie, 2008, B3 Verlag; **172:** Johann Wolfgang von Goethe: Ölgemälde von Karl Joseph Raabe, 1814; **177:** Erich Fromm: Fotografie, o. N., um 1920; **179:** Frieda Reichmann: Fotografie, o. A.; **181:** Institut für Sozialforschung: Fotografie, o. A., IFS; **191:** Silke Wustmann, Fotografie, 2008, B3 Verlag.

Silke Wustmann M. A. ist Historikerin und Stadtführerin und kennt Frankfurt am Main wie kaum eine andere. Mit und ohne Kostüm bringt sie Besuchern und Einheimischen die Geschichte der Mainmetropole näher. Ganz nebenbei sammelt sie Geheimnisse um verborgene Plätze und vergessene Personen.

DANKSAGUNG

Danke für die großartige Unterstützung an Erika Metzinger, Gerhard Schroeder und Nicola Wagner